U0964327

合作式工作法

The Collaborative Leader:
The Ultimate Leadership Challenge

【英】伊恩·麦克德莫特（Ian McDermott） 【英】L. 迈克尔·霍尔（L. Michael Hall） 著

王禾雨 译

中国友谊出版公司

图书在版编目（C I P）数据

合作式工作法 /（英）伊恩•麦克德莫特，（英）L. 迈克尔•霍尔著；王禾雨译 . -- 北京：中国友谊出版公司，2018.10

书名原文：The Collaborative Leader : The Ultimate Leadership Challenge

ISBN 978-7-5057-4438-7

Ⅰ . ①合… Ⅱ . ①伊… ② L… ③王… Ⅲ . ①领导学－通俗读物 Ⅳ . ① C933-49

中国版本图书馆 CIP 数据核字 (2018) 第 161898 号

著作权合同登记号　图字：01—2018—4048

The Collaborative Leader : The Ultimate Leadership Challenge

Copyright©Ian McDermott and L. Michael Hall 2016

This translation of The Collaborative Leader : The ultimate leadership challenge is Published by arrangement with Crown House Publishing Limited.

All rights reserved.

书名　合作式工作法

作者　[英] 伊恩•麦克德莫特　[英] L. 迈克尔•霍尔

译者　王禾雨

出版　中国友谊出版公司

发行　中国友谊出版公司

经销　新华书店

印刷　天津中印联印务有限公司

规格　710 × 1000 毫米　16 开

13 印张　180 千字

版次　2018 年 10 月第 1 版

印次　2018 年 10 月第 1 次印刷

书号　ISBN 978-7-5057-4438-7

定价　52.00 元

地址　北京市朝阳区西坝河南里 17 号楼

邮编　100028

电话　（010）64668676

赞　誉

不管是在私人生活、公共事务还是公益性领域，合作给领导者带来的益处是不言而喻的。在这个日益复杂的世界里，领导者常常需要突破常规去完成自己的目标。这几乎不可避免地要求领导者有能力去进行有效合作。在这本书中，麦克德莫特（McDermott）和霍尔（Hall）着手阐明合作的艺术，并给领导者提供了一种能够在实践中做到最好的方法。这本书还解决了失败的合作尝试所带来的负面影响，分析了其中的缘由。对于有志向的领导者和每一个在复杂变化的环境中拼搏的人来说，这都是一本必读书。

——马丁•罗伯特博士（Martin Roberts），

著有《卓越变化管理》（*Change Management Excellence*）

在商业中，合作型领导日益成为一种必要的技能和工作原则……然而，时至今日，它仍经常被人们误解，产生令人懊恼的结果。在本书中，作者提出了很多引人深思的问题、例子和模型。通往真正的合作的道路有时并不那么顺利，本书能够在路上帮你一把。

——乔•契尔（Joe Cheal），

领导力发展专家和作者

麦克德莫特（McDermott）和霍尔（Hall）多年以来在神经语言程序学（NLP）领域都是卓越的思想家和创造者，提供了很多有价值的信息，而且他们的最新工作进展也别具价值。阐释合作型领导，对于大多数作家来说，都不得要领。伊恩和迈克尔试图去系统地、尽可能具体地（大多数人都没做到）甚至是务实地来帮我们去理解和学习如何使用这个出色而有价值的合作系统。他们详尽地阐释了领导者必须要确保自己能够充分理解并改变自己的成见和习惯，对这一点我表示非常欣赏。因此，两个人在合作过程中恰当的时间点上向我们展示了一系列至关重要的技能，以帮助我们的组织和团队迈向卓越。他们以足够务实而实用的方式，专业地定义了这些原理和技能。正确的信息、正确的时间和正确的作者三者合一，这已经再好不过了。快去买一本，看看这两个人再次完成了多么杰出的工作。

——R. 弗兰克•普斯莱克（R. Frank Pucelik），

普斯莱克咨询公司（Pucelik Consulting Grup），INLPTA 和 ANLP

前 言

在现今各种讨论合作的声音背后，其实是一种行为准则。怀着对古代统治和民主艺术一定程度的尊重，现代的合作艺术确实代表着一些新的东西——也许是哥白尼式的。如果它有一个芯片的话，我们肯定会非常激动。

——约翰•加德纳（John Gardner）

创造型合作在前所未有的范围内，对世界所有人来说都是可行的。

——沃伦•本尼斯（Warren Bennis），
《论成为一个领导者》（*On Becoming a Leader*）

合作是一种协同劳动，字面意思是与他人“一起劳动”。鉴于此，有关合作的书自然而然就应该是由多个作者合作完成。我们在写这本书的时候，恰好也是这么做的。

我们两个人在过去几年中也进行了不少合作，我们把个人成就大部分都归功于与他人共同工作——即合作。我们在自己的领域内也都是经验丰富的作家和领导者。我们有时间再去合作写一本书吗？没有。但我们还是抽出时间来写了，因为这对我们来说真的很重要，许多合作也确实都是这种情况。

当我们刚开始写的时候，还有一个人也在这个项目里——雪莉•罗斯•沙尔韦（Shelle Rose Charvet）。事实上，是她最初把我们召集到一起，三人共同合作完成这个项目。但“世事无常”，雪莉发现她在这件事情上花费太多的时间了，她需要更加专注在自己的新事业上。她说：“为了我自己的健康幸福，我需要抽离出来。”所以，她选择退出这个项目。这使得我们注意到合作一个非常重要的方面：合作不可避免地会发展、变化，在这个过程中会涉及人、环境和需求的转变。

正如我们同雪莉的经历所表明的那样，合作是一个人与人之间丰富而动态的过程。它是一个生动的、需要大量投入的经历。它并不是一套行为准则，也没有严格的角色分工或规定。它是一种创造性的经历或行为，这其中只有少部分或一些人会发现如何与他人相处，才能够碰撞出新想法；而这些想法付诸行动之后，可以带来绝妙的新事物。

“你可以给我这本书的‘TED 版’吗”

尽管在最初调查阶段，我们定义了合作的许多方面，但是当我们开始写这本书的时候，我们把注意力转向了一个简单的问题：关于合作，我们最有热情解释哪些地方，以让这本书对读者来说独一无二，并且能够改变他们的生活？

在这本书中，我们通过着重考虑合作和领导力的 3 个主要方面，来回答上面这些问题：

1. 什么是合作？

2. 合作和领导力有什么关系？

3. 如何有效合作？

首先，什么是合作？合作是为了完成目标而需要人们一起工作完成任务。合作在这个社会中能促进商业发展、创造利润并推出可行的解决方案。当我们向你展示它是如何运行的时候，你就能看到它如何给你的领导力带来优势。

其次，合作和领导力有什么关系？合作需要领导力。它需要一个人（或者一个团队）能让人们聚集起来，像一个整体一样高效工作。激发合作型伙伴能够展现出他们最好的一面。当我们在解释如何做到这点的时候，你将能够学到很多有关合作型领导的技能。

最后，如何高效合作？合作需要技巧。它需要一系列核心能力，使人们能够一起有效工作，以实现单个人无法实现的事情。当你培养这些品质的时候，你的领导力技能会达到一个全新的水平。

我们发现，关于合作，人们有很多误解。最常见的一种误解是：合作是一个很好的想法——人们相处融洽，彼此感觉良好，但它并不解决问题。还有一种误解是：合作需要的是调停者，而不是领导者，因为合作需要的是人们相互妥协。这类误解还有很多，这些误解掩盖了一种事实，那就是合作实际上给了商务工作一个有竞争力的优势，并且可以给投资带来实际回报。所有那些真正伟大的机构，之所以伟大，就是因为合作。我们把这些误解叫作合作的谎言。

我们想要讨论的点在于，人们对于合作往往视而不见，它的重要性常常不被重视。没有一定程度上的内在合作，想要完成工作几乎不可能。我们相信，这一点对于所有领导者来说都有很多可应用的地方。正如你会发现，合作需要一系列的核心能力，其中就包括领导能力。这些都是可以学习并培养起来的。

这本书还强调了另外一个隐藏的事实：合作的能力就是终极领导技能——合作型领导。这也正是我们这个世界越来越需要的。因此，把合作作为一系列技能来进行学习运用，是领导力发展的下一个重大阶段。因此，我们写了这本书，以明确说明什么是合作型领导力，以及如何能成为这种类型和有这种精神的领导者。

你将从本书学到什么

学习本书能获得很多益处。第一，你能学到一个实际的方法去发展高级合作技能。我们没有关注合作背后的理论，而是写了本书来作为一本指南，教你如何与他人合作以及如何成为一个合作型领导者。这意味着你要学习如何赢得你所领导的团队成员的心。只有那时候，人们才会和你共享一个愿景。你会在书中发现一些评估问题、进行合作的步骤以及每章结尾关于“怎么做”的部分，来帮助你将学到内容的投入实践。

第二，告诉你什么是你需要做的切实可行而紧迫的事情。我们对书做了一些编排，使你能够迅速开始体验那些方法有多有用——对于那些根本不存在合作的团队或环境甚至是一个彻底的转变。

第三，这本书对于进入领导力的合作层面会是你的一个个人挑战。领导他人就是指导他们去共同工作，把他们的智力资本和关系资本结合起来，作为一个领导者，你要领导他们去合作。这就是为什么那些不能促成有效合作的领导者也没办法有效领导。如果你要实践自己的想法，你就需要去证明你自己的合作技能。

第四，你会学到合作的结构模型。这来自于擅长把专业和杰出模式化的领域——神经语言程序学（Neuro-linguistic Programming, NLP）。我们分工合作，以分解（也就是建模）合作的例子为开端——他们工作的原因是什么、挑战是什么、合作者遇到合作障碍的时候如何处理、合作者的信念和价值观等等。在这本书的结尾，你会对于合作的结构和过程有一个全面的理解。

第五，你能获得培养一系列能力的指引，来帮你促进健康的、充满乐趣的以及富有成效的合作。在学习合作的过程中我们发现，最优秀的合作者是那些能从合作中获得乐趣的人。工作目标可以是严肃的，但合作过程可以是充满乐趣的。人们反反复复讲述着他们从合作中获得的乐趣，它如何展现出每个人最好的一面，以及有时候他们曾产生的高峰体验——在某个时刻忘掉自我，感到充满意义、快乐、挑战和轻松。

第六，你会得到一个教程来帮你获得领导力成功的重要因素。可能有一点让这本书显得独一无二：与市面上大部分有关合作的书不同的是，我们关注的是合作型领导者。这个领域大部分书都是有关机构和机构间的合作以及如何创造机构内部的合作。

第七，你会学会全面思考。如果你自己总是在跟自己斗争的话，促进与他人的合作或者他人之间的合作就会很艰难。成为一个有效的合作型领导者的秘诀之一，就是要让你自己的行动和自己的价值观统一起来。合作型领导的基础就是自我合作。你要从自己开始，因为高质量的合作是一个从里到外彻底合作的过程。你也许会问，什么是自我合作呢？这是一种自己的各个方面相互合作协调的能力。在整本书中我们会持续不断地回到这个概念上来。

那么，你是一个合作型领导者吗？你想要成为这样的人吗？你知道如何把人们聚集起来，以有意义的愿景鼓励他们，并把他们有序组织起来，以产生团队精神，达到团队表现的最佳状态吗？如果你对这些问题的回答是肯定的话，那么这本书毫无疑问是为你而写的。

伊恩·麦克德莫特

L.迈克尔·霍尔

目 录 CONTENTS

第一部分 重新认识合作

第二部分 合作式工作法

第三部分
未来的挑战

附录

第一部分

重新认识合作

第 1 章　重要性：合作是企业的唯一出路

合作能力是两类企业的区分点：一类是能够成功进入下一个十年的企业，一类是失败的企业。

——尼尔·麦克菲尔（Neil McPhail），百思买 CEO

作为一个领导者，为什么要费劲去进行合作呢？你和你的团队能从中得到什么呢？试想人类迄今为止创造过的任何一个伟大成就——埃及金字塔、中国长城、反法西斯同盟、人类登月、都市中的摩天大楼，当你回顾这些的时候，你就是在回顾各种合作行为。一些人聚集到一起，共同协作，享有共同的愿景，并最终完成了那些个体无法独自完成的事情。正是由于通力合作，才能成就那些不可思议的事物。这就是合作的魅力。

你还可以想想现今存在的那些大企业——那些汽车行业（比如丰田、大众、通用）、IT 行业（比如微软、苹果、谷歌）、银行业（比如摩根大通银行、汇丰银行、花旗集团）等企业。当你回顾这些的时候，你就是在思考各种合作行为——人类互为合作伙伴，共同运营这些企业。

因此，合作有助于增加企业净利润，同时对于那些非常成功的公司来说，也有助于提高另外两方面水平——人力和热情。换句话说，通过合作，你可以在许多被认为是截然相反的对立事物之中——企业的硬管理与软管理——创造出协同效应。合作实际上可以解决许多企业现在正面临的问题，例如过度强调盈利是衡量企业管理成功与否的唯一标准。盈利很重要，但它并不是商业运作的唯一目标。企业也同样需要注重人才，需要有责任心、有道德以及有合作精神的人。这可以使得公司免于陷入孤岛思维，如放任自己不道德的商业行为，牺牲职工利益换取投资回报率等。

在最好的状态下，一个共同的愿景可以发掘出一种被掩盖的、还未触及的潜力，这种潜力反过来可以为大家创造出一个更好的世界。合作可以帮助个人工作、机构和企业促成一种更广阔的愿景，这种愿景远不只是利益。合作也可以使本就优秀的人才更加卓越。正是合作的经历改变了我们。它改变了我们与工作环境联系的方式，改变了我们所继承的商业和政治文化。通过合作，我们还可以接触到新兴的有创造性的表达方式，它把我们和机构带到了创新能力的最前沿，引导我们去开发新的产品、服务和信息。

共同的愿景包括了我们是一个什么样的群体和我们人际关系的质量。因此，合作可以拓宽我们的工作内容和我们共同创造的工作成果。从潜力来看，它还可以提高我们人际关系的质量。那么，合作有两个非常大的益处。首先，我们通过合作，可以达到那些个人所无法达到的成就。其次，我们团队经历的质量——它所产生的文化——不但给了我们竞争优势，还给了我们一个让自己身处其中觉得舒服的团体。

促进团队合作还可以解决一个困扰着所有企业和机构的最棘手的问题——消极怠工。那些并不专注于参与公司事务的员工——他们无聊、抗拒以及不忠诚——正在消耗着公司。他们也是一群危险的人——对于团队精神、创造力和可持续发展来说都是一种危险。一个提倡合作的企业文化可以改变这些。因为有高质量的同事关系和团队合作，工作可以变得让人更加愉悦。

当你真正让人们变得互相在乎、互相关联和共同工作时，各式各样有创造力的想法和项目就会频频出现。有时候，这意味着个体开始认识到如何实现更高价值，例如改变世界或者服务于更广大的群体。当这些情形发生的时候，会有更多潜力被发掘出来——这可以让这个机构达到一个全新的层次。

合作的力量

在合作中存在着一种神奇的力量。人类历史已经反复证明了人们团结起来可以完成比单个人要多得多的事。每一个英勇的首领，如果不能促进合作，什么也成就不了。

合作的力量在这个时代还带来了科学、技术、空间探索和社交网络的发展。你可以想想位于瑞士日内瓦的CERN[1]（欧洲核研究机构的官方名称）中存在的令人难以置信的巨大的合作规模。CERN是一种大规模的跨国合作组织，人们来自7个国家。巴勒斯坦人和以色列人可以肩并肩一起工作，伊朗和伊拉克的科学家一起做研究。总而言之，在任何一个时间点上都有超过2000名员工和多达1.3万人在公司工作。

合作可以促进科学、技术、艺术和文明的发展，那么什么是合作呢？合作是人们以伙伴关系协同工作，以创造个人无法创造的东西。这种特殊的状态和心理状况，不仅仅是服从权威那么简单。它是积极主动地与他人一起思考和行动，以完成一个共同的目标。

如果合作指的是与他人一起工作，那么它的反面就是独自一人工作——即当没有人相信我们的愿景和目标的时候，驱动自己独立、分离和退出的力量。人类一个独特的地方就在于每一个人都可以感受到这些力量的牵引，他们根植于我们的大脑和内心。我们想要独立，同时也想要成为一个社区的一分子。我们想要真实面对自己的内心，同时也想要成为一个获胜团队的一员。

我们所有人的生活都始于合作，因为我们成长于一个家庭、一个社区、

1. CERN是LHC（Large Hadron Collider）的总部，在地下100米处设置了方圆27km的环形隧道，建造费用高达几十亿。

一个小镇、一个国家。没有周围其他人，我们根本无法生存下来。我们所有基本的人类需求都是通过他人来满足的。之后，我们的内在就开始有了一种成长引力，让我们分离、成为个体，成为有权利的自我、被定义的自我，并找到自己的路。在我们逐渐长大成人的过程中，这促成了儿童和青少年时期的个体形成期。与此同时，我们也感受到了另一种强烈的需求——社会需求，这种引力让我们想要成为一个团体的一部分，并有亲近的朋友、自己的爱人、内在的独立。

没有人是与世隔绝的孤岛，每个人都是大陆的一部分。

——约翰·多恩（John Donne）

《丧钟为谁而鸣：生死边缘的沉思录》17节（1623）

之所以出现合作，是因为我们都是有着社会需求的人——我们需要爱、需要与人联系的纽带，需要伙伴，需要同事，需要成为获胜队伍的一分子，需要被同僚认可以及重视。然而有太多的事情会妨碍这种引力。有很多人拒绝创造性合作，因为他们希望事情按照他们的想法进行，或者他们需要时刻被关注和注意。

还有些人拒绝创造性的合作，是因为他们还没有学会最基本的社交技能：倾听、支持、肯定、确认以及逐步展示自我。他们没有学会幼儿园时就应该学到的东西——如何与他人友好相处。他们专横、苛刻、以自我为中心、挑剔、爱讽刺以及不友好。他们不是合格的团队合作者。对于有效的合作来说，还有很多其他阻碍：害怕改变、满足于当下的既得利益、害怕在小组中失去自我、无法成为社团的一部分、缺少远见和狭隘。我们会在接下来的章节中论述这些。

然而，在现在这个交互的世界中，合作比以往任何时候都要重要。不管是个人还是国家，都无法独自前行、孤立运作或者不与世界其他地方联系而自己生存。实现“伟大、刺激、大胆的目标”要求人们形成优秀的团队来进行高效的合作。

现在，许多公司都朝着自治型团队发展，他们在自己的职责范围内共同领导和管理团队。为了达到这种高效率的状态，我们需要有自主能力的人——那些想要（并且知道如何）成为高效率团队中一员的人。他们需要知道如何利用每个人身上的独特之处，并使对方成为团队里重要的一部分。为了达到这种状态，我们需要合作型管理模式——领导者有能力设立一个愿景，以一种合作的方式共同发展，团结队伍，并且克服差异冲突，形成团队精神。

很多非常成功的公司都是团队合作的结果——人们为了共同的利益而一起工作。我们相信，那些没有这种个人能力的人终将被抛弃在后面。

什么是合作

为了对合作有一个清楚的定义，我们从字面意思开始：“合”和“作”。合作的实践性定义是：

· 为了共同的愿景和利益而与他人一起灵活地工作。

· 是一种协同领导，与同伴共同工作，能够人尽其才，实现单个人无法实现的结果。

· 互相学习，知识自由共享，帮助对方在规定时间内完成工作，并实现资源共享。

· 利用个体差异，创造出必要的协同效应来解决问题。

· 团队协作，而不是各自为营。

· 有能力让人们团结起来，实现一个共同的愿景或者解决问题，并开发出新的解决思路。

在合作当中，至少有两个人在一起整合他们的理解、技能和资源来达成一个更加丰富、圆满的结果，这个结果是任何个人都无法独自完成的。这就意味着，合作是一种以创造性的方式互动、联结，能够激发出有趣、独创性和智谋的活动。有真正的合作的地方，就有对不同个体创造性的协同作用。这种协同作用能够团结个体，并使他们在思想和行动上都进入一种深度而高效地解决问题的状态，从而直接导致出人意料的、前所未有的结果出现。

你想要何种程度的合作

所有的合作都不尽相同，不管是在其性质、特征，还是程度上。我们用一个连续体量表来帮助人们确定他们认为何种程度的合作比较适宜。以我们的经验来看，人们会发现这些区分非常有用。这个连续体量表包括了从对立竞争一直到协同的范围：

竞争	服从	协调
与他人竞争	消极跟随； 处于容忍领导者或者团队的状态	管理个人时间和精力来协调团队活动
配合	**合作**	**协同**
寻求以充沛的精力来与他人共同完成工作	对于未来的可能性有共同的愿景； 每个人都受益于团队所提倡的精神	利用个体差异达到全体和谐统一

合作的类型

确定什么样的合作类型是最理想的，同时与上面提到的合作程度同等重要。这里有 6 种类型可供参考：

1. 临时合作：人们以有限的时间聚集在一起，共同完成一个项目或解决一个问题，之后就解散。

2. 长期合作：团队、临时委员会和管理委员会（通常在一个机构内部是一个固定的结构）；个人生活中的伙伴。

3. 危机合作：人们在一起解决一个意外危机，成为一个紧急事务团队。

4. 人际合作：由个人组成的团队为了共同的愿景而一起工作。

5. 机构间合作：两个或两个以上的机构合作解决一个共同的问题或者达成一个共同的愿景。

6. 领导者驱动型合作：单个领导者为了实现某个愿景而召集他人为自己工作。

合作的益处

合作带来的主要益处包括：

· 更大的挑战：合作可以使得我们能够接受那些对于个人来说无法承受的挑战。

· 更好的结果：合作可以让我们能够共同完成那些个人单独无法完成的事情，同时发掘出更多潜力。

· 增加投资收益：高质量的合作可以提高机构的投资收益。

· 风险管理：如果管理得当，合作可以降低风险及其伴随的恐惧心理。

· 竞争优势：现今许多前沿公司利用合作的力量来获得竞争优势。他们通过招揽更多人才来创造协同效应，促进开拓创新。

· 直面不确定因素：当我们相互依靠时，合作可以让我们更具创造力，能够直面不确定和模棱两可的因素。

· 活力：合作可以让我们从工作中获得更多乐趣，更加活泼和乐观，为机构增加一些“生命活力”。

· 乐趣：合作可以让团队体会到更高层次的创造力和乐趣。

· 学习：合作可以促进团队学习，其效果超越了个体学习。

· 高质量的人际关系：合作可以提高工作关系的质量，减少人员流失，从而留住最优秀的人才。

· 高质量的文化：合作可以丰富团队文化，从而提高创造性产品和服务的质量。

· 团队工作：合作可以激励人们成为一个小组、团队或者机构的一部分。

· 新格式塔：合作可以激发出协同效应，创造出的成果要远远高于个体成果之和。

· 情商：合作可以增强伙伴间的信任感和个人的情商，因此可使我们更加善于自我管理、自我领导，变得更加成熟和有责任感。

· 灵感：当我们致力于比我们自身更重要的事物时，合作可以增加灵感和动力。它可以提升士气。

· 恢复力：合作可以让我们更具恢复力，因为当路途艰难的时候，我们有其他人相互支持。

· 人性化的机构：合作可以让我们的职业生活更加人性化。这可以减少压力、消极怠工、偷窃行为等。

· 创造力：据约翰·布里格斯所说："合作是创造力最大的秘密。"

> 合作的平均收益几乎是一个公司初始投资的4倍。
>
> ——里奇和威斯（Ricci and Wiese），
>
> 《合作势在必行》（*The Collaboration Imperative*）

合作的方法

虽然合作有很多益处，但是它需要领导者去创造和培养有效的合作。没有有意识的领导，合作就不会产生。并且合作的产生需要有决断力的领导，有一定眼界和态度。特别是，它需要领导者特别擅长解决矛盾和争端。

合作也要人们去发起、激励和引导整个过程。这是因为合作本身就是一种领导力的表现。不论何时，一个人把人们聚集到同一个项目和愿景之下，这就是领导力的表现。合作型领导要求在团队成员有冲突、有障碍、出现井底思维和极度自负的时候，仍然能够看到合作的可能性。对于一个领导者来说，向前跨出一步成为一个合作型领导者，意味着面对这些挑战的时候要“爷们儿”些，不管这个领导者是男性还是女性。

合作型领导

从本质来讲，领导是一种过程，能够让人们在一起有效率地工作。那么什么是合作型领导呢？一个合作型的领导者能够让人们为了更高产高效的目标而集合在一起有效率地工作。然而这并不是件容易的事。它不能一蹴而就，需要一定的时间。那么它是如何运作的呢？一个领导者如何创造出这种层级和质量的合作呢？为了达到这个目标，领导者们需要去点燃团队成员的激情和求知欲，从而让成员协作产生团队力量。一个有效的领导者有一种被认为是“魔力天赋”的东西——即能够以发掘每个人的闪光点，使人们能够一起工作，达到所有人都是赢家、所有人都很享受这个过程的状态。

当一个合作型领导者邀请人们一起来投入一个高质量合作的时候，还需要有能力面对人们不合作的行为。合作型领导者需要有能力看到那些人的自保政策和自我隔绝，他/她更要敢于给他们制造挑战，让他们的差异相互碰撞，成为创造力的源泉。

如果你并不觉得这是一种魔力，想一想那些缺乏这种领导力的人吧。不幸的是，并不是所有人都有促进合作的天赋。许多领导者的行为会使他人貌合心离，在冲突中浪费精力。他们有自己的秘密，有所偏袒，并成立派系相互对抗，操纵局面，使其向有利于自己的方向发展。人们不但不合作，甚至不配合。施行这种领导方式会削弱团队合作能力。

在人们中间产生合作行为的秘密是什么呢？对于领导力，有什么能力和技能可以让一些领导者更有效地促进合作呢？有的领导者能够让人们聚到一起，用较高的眼界来激励他们，并管理公司事务，使得人们热衷于相互配合，并为成为一个获胜的队伍的一员而感到开心。这些领导者促进合作的前提、信念、价值观和理解是什么呢？我们会在接下来的章节中处理这些关键问题。

想想不合作会带来的问题和烦恼吧。如果一个领导者无法激励并管理合作，那么将会发生什么情况呢？例如机构问题、管理问题、人力问题、财务问题、低效率、冲突、压力、利润流失、谣言、腐败等等。并且，在现今大多数公司中，企业资产不再只是房产、银行账户和机器设备，还有人才资源。我们讲的是智能资本、创造力资本和关系资本。这是效仿那些有能力促进高效合作的领导者的又一个理由。

合作的深层理解

从表面来看，合作听起来简单而又直接。事实上，这是一种非常丰富而又富于变化的体验——它涉及诸多因素。在本书研究的过程中，我们定义了成功的合作当中一些必要的方面和因素。

1. 合作需要技能。当你把人们拉到一起，你就必须要处理个体差异产生的冲突。当人们聚集到一起、组织起来共享同一愿景、尽自己所能为团队贡献力量时，合作就出现了。我们不应该把合作看成是一个难堪的事情。合作实际上是一种务实的技能。

2. 合作需要实现每个人都理解并相信的双赢。为了领导一个合作团队，组里的每个人都必须感到他们正在取得胜利。与此相反的竞争性的态度是，一些人试图以牺牲他人利益为代价来取得胜利。竞争者寻求从他人那里获得好处，或者是报复那些取得成功的同事。合作性思考的反面是稀缺性（也就是说，资源非常有限，这是一个零和游戏——不是赢，就是输）或者交易型互动（一个人为了他 / 她自己的目标而去利用他人）。

3. 合作从自我合作开始。与他人合作的基础是同自己合作。当提到合作的时候，我们可以和个人、整个团队合作，或者作为团队的一部分同其他团队合作。自我合作意味着自身是合理的整体，并不是由内在冲突所驱动的。这种健康向上的情感能够让你在合作中主动和他人接触。我们也可以说：只有强者才能够进行合作。

4. 所有合作都不尽相同。你会发现，合作有不同的程度和强度。它需要一系列的行为，从协调活动，配合一个项目或活动，参与一个目标的核心到投入，远远超出某个人单独的能力。

5. 合作是件非常自然的事，你已经在做了。合作是与他人相互联结，是成功生活的基础。可以问问你自己：我在什么地方已经开始和他人合作了，和谁合作？在我的个人生活中，有什么地方是合作的？在职场中呢？

6. 合作需要一系列的行为。从低级互动到中级，直到高级。我们通常用来描述这些级别的词语是协调、配合、参与（合作）和致力于。

7. 有效的合作需要一系列核心能力。合作的技能是高级别的相关技能。没有情商（EQ）和社会智能（SQ），或者依靠一些小把戏就想合作，这些都不是长久之计。人们会认为这些行为不可靠，甚至有操控性。

8. 有效的合作会产生可量化的结果。我们为了一个目的而合作，即实现同一个目标。我们这么做是为了得到一个可量化的结果。没有合作，你会为了实现一个庞大的目标而用那些必须完成的琐事把自己压垮，或者是你会降低自己的目标到一般水平。

9. 合作会提升你的生活质量和自信心。当合作圆满完成的时候，它会丰富参与合作的每个人的人生经历。它会让人看到更多可能性，让人们拥有成为一个获胜队伍的经历。合作让我们不再平庸，并实现奇迹。

10. 合作需要强有力的领导——有影响力的领导。合作需要一种特殊的领导力。然而，不像“强者”类型的领导力（例如英雄、命令—控制型领袖），合作型领导是实用的、视环境而变的。也就是说，这个领导者是现实情况中最适合领导和给出导向的人。

11. 合作是多维的。也就是说，合作存在于不同级别中。首先，有个人和另外的一个人或多个人的合作。然后，有个人和小组之间的合作（作为一个好的团队成员来合作）。除此之外，还有小组和小组之间的合作。一般来说，如果你不能一对一的合作，很有可能你也无法进阶到一对组或组对组的合作。

总而言之，领导力最必要的部分就是合作的能力以及创造出合作伙伴关系的能力。促进团队合作对那些有志于想要成为一个有效的领导者来说是一个必备技能。如果你想要的不仅仅是服从的话——你必须跟他们合作。命令—控制型领导力无法催生出团队精神或者合作模式。如果你不发展自己的合作知识和技能，其结果是什么呢？你会削弱自己的领导能力，降低人们对于服从你的领导并与你共享一个目标的意愿。

成为合作型领导者，下一步你要做什么

假定当你阅读本书各章节的时候，你已经开始了合作。写下你从每章中获取的两三个最重要的想法，作为你自己培养合作型领导力的步骤。然后问问你自己："有了这些想法，它们能给我的生活带来哪些不同呢？"写下一两个你事实上很有可能去实施的事。

当你开始这么做的时候，这里有一些问题供你提前思考：

- 你知道如何与他人有效合作吗？
- 你的性格或风格是否属于合作类型？
- 你是否享受与他人合作的过程？
- 你是否知道如何做一个有效的团队合作者？

第 2 章　成效：合作型领导者更具竞争力

合作的目的并不是合作本身，而是其巨大的成效。

——摩顿 • 汉森（Hansen Morten），

《合作要恰到好处》（*Collaboration*）

作为一个合作型领导者，你进行到哪一步了？考虑到你现在还不知道合作是什么以及它的作用是什么，同时也考虑到你已经了解合作能够释放潜能的巨大力量，因此我们设计了这个章节，帮助你来预见你可能会遇到的挑战。

如果说未来属于那些会合作的人，那么学会合作将使你成为未来的领导者。进一步说，由于合作能够让人们把他们的差异和冲突聚合起来变成一种协同效应，从而产生出创造力，那么你的事业会因此而变得越来越具有合作性，越来越成功。

一个人无法完成的事情，合作是完成它最好的途径。为了能让这一点更具有可操作性，这个章节会给你一个个人合作能力测试，让你有机会评估一下自己。

成为一个合作型领导者

你是如何理解合作型领导者的？如果让你完成这个个人合作能力测试，就像站在一面镜子前面，你能看到怎样的画面？合作是否是你个人行事风格不可或缺的一部分？别人是否觉得你是一个合作型领导者？那面镜子反映出了什么？问问你自己：

· 我是否是一个懂得合作的人？

· 在我的性格中，合作和竞争是如何平衡的？

· 从成为一个合作型领导者的角度来看，我现在走到哪一步了？

· 在成为一个合作型领导者的路上，我下一步应该怎么走？

这个章节主要论述 7 个问题。这些问题会帮你发掘更多有关合作的意义，并且会给你和你的合作能力形成一份信息档案。

1. 为了达成合作，我有多自信以及确信我能够为他人竭尽自己所能？

2. 为了能够成就更好的结果，我是否能够灵活适应他人的节奏？或者我必须以自己的方式行事？

3. 为了能使整个团队获益，我是否能够放弃自己的行事方式？或者说我只能固守自己的行事方式？

4. 如果我真的不在乎是谁领功，我会如何继续工作和与同事沟通？

5. 我是否能够着眼于更大范围的成果？或者我被自己的职位、立场和工作内容限制住了？

6. 我是否能够清楚地区分手段（或者说工具性价值观）和终极性价值观？

7. 我有多在乎和我一起合作的人具有和我同等水平的能力？

1. 个人自信：为了达成合作，我有多自信以及确信我能够为他人竭尽自己所能？

乍一看，与他人合作会自然而然地、无可避免地打击到很多人，以至于我们会单纯地问道：“我们为什么就合不来呢？”是什么让我们人类这么纠结于要融洽相处呢？为什么会有那么多角逐、斗争、冲突和战争？

由于合作值得人们拥有，且富有成效，因此合作充满挑战。正是这个原因，它有时候让人觉得有点吓人。是什么让合作充满挑战呢？一般来说，它需要成熟的性格和个人一定的发展，才能进入到这种共享而又成熟的相互协调的关系之中。然而这就是合作的要求。为了能够进入这种合作中，你应该相信你能够在相互合作中带来自己独一无二的东西，不要不确定或者自我怀疑。与他人的竞争，即使对方拥有优势，也不应该威胁到你自己的价值。

当你参与合作的时候，你就不再是一个“伟大的领导者”或者“独行侠”。你不能独揽所有功劳，你必须要去与他人分享。其危险之处就在于，如果你对自己的认知不够坚定——坚定到足以暂时放下自负——你就无法与他人合作或者乐于见到他人的成长甚至成功。

这个初级问题包含两个不同的方面。第一个是你的能力或者技能。你是否相信你有能力、知识和技能去与他人合作？你能否确信你能够把理论转化为实践？第二个是有关合作以及合作的技能是如何影响你的自我意识的。你是否相信你可以竭尽自己所能去合作和共事？

对于以上两个方面，我们用两个坐标轴做了一个模型：合作的意愿和能力。

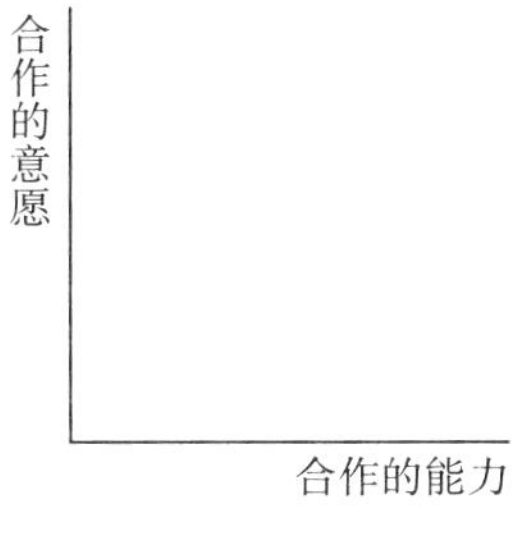

这代表着要成为一个合作型的领导者，有两个不同方面的要求。一个是有关学习合作的技能，另一个有关学习如何信任他人（也许是再次信任）。

那么，凭借你的自信去试着判断一下你位于 0~10 这个连续体量表上的位置吧。在你所处的位置（存在个人偏误）上打个钩（√）。如果情况不同，你在表上所处的位置也不一样，那么就画出一个范围来表示移动区间。

合作的能力

不确定		确定
0	5	10

合作的愿意

不愿意		愿意
0	5	10

这也可以让你有机会评估一下不同的组合，对这些进行一个概述有利于团队交流和自我评估。当你面对着不同情况时，看看哪个描述适合你或者适合你所认识的人。

	低	高
高	我有意愿，但没有能力	我既有意愿，又有能力
低	我既没有意愿，又没有能力	我有能力，但没有意愿

2. 灵活性：为了能够成就更好的结果，我是否能够灵活适应他人的节奏？或者我必须以自己的方式行事？

这个问题指出了合作的先决条件——能够适应他人。其反面是你非常严格地固守自己的方式。刻板有可能会形成教条主义，甚至是原教旨主义。就像汽车保险杠上的贴纸：“要么听我的，要么就消失。”是什么促成了这种刻板呢？答案也许是思维方式。这种思维方式让我们的选择看似只能是非黑即白，只有这两种选择。这种截然对立的选择经常让我们进退两难：“不是这个就是那个！到底应该是哪个？”

灵活适应性意味着我们可以经常站在他人的立场，试着站在他们的角度去思考。能够适应他人表明了一种基本的社交技能。理论上，我们能像儿童一样学习——学习如何跟其他人一起好好玩耍。这通常需要双方互相忍让。为了能够做到这种灵活适应，不管是儿童还是成人，都需要情商来进行思考和共情。

这里有一些问题，你可以测试看自己的灵活性如何：

· 当我和他人完成与工作有关的活动、社群项目或者进行一场有共同目标的冒险时，为了适应他人，我能够在多大程度上做到灵活改变？

· 当我工作的时候，我是否潜意识里假定“我的方式”显然是最正确或者最好的方式？

· 当别人想要用跟我不同的方式来行事的时候，我是否觉得被敷衍了或者不被尊重？

· 我是否感到生气或烦恼，或者只想要脱离这种社交，自己去完成工作？

· 当我意识到好像有其他途径可以完成工作，而且大多数人的意见都与我相反时，这时候我能够在多大程度上做到灵活变通？

在下面这个连续体量表上，测测你自己的位置：

固执 / 严格		可适应的 / 灵活的
0	5	10

3. 更广泛的利益：为了能使整个团队获益，我是否能够放弃自己的行事方式？或者说我只能固守自己的行事方式？

你是否会基于高于自己的、更大的目标或者更广泛的利益来思考问题？这一点正是一个岔路口，持不同想法和态度的人在一起，只能选择其中一条道路继续前行。你是否拒绝改变，并且变得固守自我（“必须听我的”）？或者为了团队的利益，你是否能够放弃自己的方式？

这种在固执和服从之间的选择并不是一个非此即彼的选择。在固执和服从的分配程度上有很多不同的选择。

你可以试着回答下列问题：

• 我是否非常固执，抓住自己的立场不放，好像我的立场就是我的上帝？或者我可以站在团队 / 家庭 / 公司 / 机构的利益上去思考？

• 我在表达自己的想法并倾听其他人的想法方面，是否需要一定时间或者有些困难？

• 我是否能够有效地参与一个对话，可以适当地陈述他人的观点？或者我是否通常推断他人所理解的和想要做的事，并据此来行事？

• 我们作为同一团队，是否对于更广泛的利益有共同的目标？

• 我们是否觉得这个目标非常激励人心以及足够远大，足以让我们拼尽全力？

在下面这个连续体量表上，测测你自己的位置：

我只关注自己的利益 / 必须以我的方式行事		我也关注团队利益 / 我可以适应他人
0	5	10

4. 认可和赞扬：如果我真的不在乎是谁领功，我会如何继续工作和与同事沟通？

对合作来说，最大的障碍包括自满、自大和对个人认可的期许。那么这个问题就涉及你对于协同努力的个人感受，以及你的自负在多大程度上阻碍了工作。

假定我们可以先不管是谁得到认可、谁得到赞扬和荣誉、产品上出现了谁的名字，你会如何继续工作？你会如何对待同事以及与他们沟通？如果你本身有很强的自尊心，那么这就是你往前迈出一步的机会。非常强的自我价值（或者自尊）意识能够让你把注意力放在长期目标上。这并不意味着你不会去纠结是谁来领功——你毕竟还是个普通人。强烈的自我意识并没有开关，不能关上它你就不会纠结了。这其实意味着你很可能在需要的时候能够挺身而出。

顺便说一句，自尊并不等同于自信。自尊和你作为一个个体的身份相互关联，然而自信和你可以做什么（作为一个普通人的行为）和你相信自己可以做什么相关。这是自我两个方面的融合，能够让你有很强的自我认知，为进行良性的合作做好准备。相反，保持谦虚则需要大量自尊去维系，因为如果你不去做一个项目，你的尊严、意义、价值和重要性就不会得到体现。

在下面这个连续体量表上，测测你自己的位置：

我想要受到赞扬		我不在乎谁受到赞扬
0	5	10

5. 眼界：我是否能够着眼于更大范围的成果？或者我被自己的职位、立场和工作内容限制住了？

让人们纠结于细节甚至于丢掉了关键点的是他们被自己的立场限制住了。

那么，在赢得一场战役的过程中，他们就已经输掉了整个战争。想要吃一粒药来消除所有病症，他们反而是饮鸩止渴，看似有效，实则会导致成瘾甚至死亡。

这个问题主要集中在你能否关注到合作带来的更大的利益——激励人心的愿景——而不是前行道路上的某一步或者某个位置。对于高质量的合作，其中一个障碍就是被暂时性的却会动摇你的目标的问题蒙蔽了双眼，致使那个共同的更广泛的愿景在这个过程中就已经被丢掉了。

在下面这个连续体量表上，测测你自己的位置：

没有看到好处 被自己的立场限制住了		看到了好处 心里有更大的目标
0	5	10

6. 目标和手段：我是否能够清楚地区分手段（或者说工具性价值观）和终极性价值观？

在多大程度上，你迷失了方向或者丢掉了项目的最终目标，并被某种方法论的正确性给限制住了？特别是当你最惯用的方法被质疑了，在多大程度上你对此的态度能够灵活适应？

这个关于目标和手段的问题，和第5个有关眼界的问题很像。“以终为始”（柯维，1989）并始终把目标作为自己的眼界，能够帮你确定到达终点的途径。这些途径就是工具性过程。它们是手段，不是目的。它们是工具性价值观，不是终极性价值观。

也许这其中的区别看起来显而易见，然而当我们疑惑的时候，我们就会高估一个手段的价值，并把它当作最终目的。当这种情况发生的时候，我们对于什么是工具性过程的想法就会变得固执，甚至教条主义。这时候，我们就会在工作中区分立场，通常我们会觉得立场非常重要，甚至为此牺牲那个共同的目标。现在，我们必须要回答一个问题：为了合作，我们是否有意愿来克服各种差异和冲突。

在下面这个连续体量表上，测测你自己的位置：

把手段看作最重要的		手段是为目的而服务
0	5	10

7. 双赢：我有多在乎和我一起合作的人具有和我同等水平的能力？

合作需要人们共同工作，共同消耗我们的时间、精力、金钱和人力。鉴于这种风险，如果合作中不能承诺达到双赢的话，那么事情很快就会出现差错。如果你觉得某个人得到的是最好的，或者说得到的比你多，那么这种情况也会发生。

不道德的以及无效的竞争出现在对他人感到担心或者缺乏自信的情况中，是导致我赢你输的竞争。这就导致你处在零和游戏中，同时这会损害合作。它对于冒险精神也是有害的，并且成为合作的巨大障碍。

关于互惠互利，你想到的是双赢吗？你愿意支持双赢的想法，并确保每个人都有获利吗？

在下面这个连续体量表上，测测你自己的位置：

我赢你输		双赢
0	5	10

你的合作分数

你的结果怎么样？用这些简单的测评问题，看看你现在在合作方面处于哪个位置？也许这些问题显示出你也许需要在哪些方面培养或扩展你对必要的合作技能的意识。现在你已经检测了每个维度，它也许是一个有用的全面评估。因此，结束本章之前再大致看一眼。如果能在一个综述中包括所有的因素，有时候对于下一步的行动能够获得更深刻的理解。一旦你把分数加到一起，退一步来看的话，你会突然意识到什么？

不确定的		自信的
0	5	10
严格的		灵活的
0	5	10
必须以我的方式行事		我可以适应他人
0	5	10
我想要受到赞扬		我不在乎谁受到赞扬
0	5	10
没有看到好处		看到了好处
0	5	10
把手段看成是极为重要的		手段是为目的而服务的
0	5	10
我输你赢		双赢
0	5	10

成为合作型领导者，下一步你要做什么

现在，你已经自我审视并评估过了，你是如何看待你自己的？你想要做些什么？你仍然想要更有效地与他人合作吗？你现在准备好与他人合作了吗？

如果你已经准备好了（并鼓足了勇气），把上面的7个关键问题给3~4个非常了解你或者与你合作过的人，问问他们对你的合作风格和技能的印象如何。为了得到360度全方位的反馈，你需要去问不同方面的人——也许是一些同事，包括那些向你汇报或者你指导的人，以及你的老板或者管理你的人。

第3章　机遇：合作有利于实现共同愿景

创造性合作中总是有着伟大的领导者和追随者。

——沃伦·本尼斯

一个好的领导者需要去促进合作。但是作为一个合作型领导者，并不意味着友好或者做和事佬，而是要把人们聚集起来去克服那些单个人无法克服的巨大的挑战。

阻止了一场内战的合作

如果说存在一个合作改变了世界的话，最有资格称得上的就是纳尔逊·曼德拉（Nelson Mandela）和弗雷德里克·威廉·戴克拉克（F. W. de Klerk）之间的合作关系了。1989年，当他们刚开始对话的时候，他们一个人是南非总统，另一个是囚犯。事实上，纳尔逊·曼德拉由于反对种族隔离而待了27年的监狱。那一年，戴克拉克成了总统，并看到了南非后种族隔离时代的未来。

1990年2月2日，他和其他一些自由运动一起，“解封了”南非非洲人国民大会，释放了政治犯，并且暂停了死刑。之后，曼德拉在被监禁了

1 万天、已经 71 岁高龄的时候，恢复自由了。这是合作的其中一步。其后还发生了更多的合作，让他们共同的愿景成为现实。最不可思议的是，仅仅 4 年之后，纳尔逊·曼德拉就在一场无种族主义的民主选举中，当选成为新一任总统。那是 1994 年 4 月 27 日。

这一切怎么可能发生呢？一个国家因为种族隔离变得四分五裂之后，如何避免了内战？一个新的政党执政之后怎么会没有对前任迫害者实施报复？这种有力的合作之所以出现，是因为曼德拉比那些不公平的迫害、缺乏公正、仇恨、轻视或者他自身的复仇要伟大得多。在曼德拉 2 月 11 日被放出来之后的演讲中，他说：

今天，南非大多数人，不管是黑人还是白人，都意识到了种族隔离是没有未来的，为了建立和平和安全，它必须被我们果断的大规模运动所终结。

……

戴克拉克先生在迈出实质性的一步来稳定局面方面，比任何一个国家总统都要走得更远。

然而，在曼德拉的总统期限结束以及那个拯救了国家并开始对国家民主化的精彩合作之后，我们现在看到了雅各布·祖玛政府新的腐败和对合作精神的缺乏。这对我们所有人都是一个警示：即使是一个如此重大的历史性的合作，如果不能被其他人继承，也就不能保证持久下去。如果想要持续下去的话，那么每一代人都要重新合作。每一代人都需要合作型领导者来传承这种精神。

在我们开始合作写这本书之后，纳尔逊·曼德拉于 2013 年 12 月 6 日去世了。在听到他的死讯之后，德克拉克特别强调，曼德拉不只是在为自己的人民而谈判，他也在为白人谈判，争取他们的未来也得到保障。正是这点阻止了内战——一场很多人都期望并着手准备的战争。理查德·斯坦格尔

（Richard Stangel）把这个事件描述为“同敌人”合作——那些人使曼德拉以及数百万南非黑人的生活饱受贫穷与绝望。

一个很好的例子就是，1993 年，当南非即将要开始内战的时候，一群政治极端分子开始武装反抗，曼德拉的政敌，克里斯•哈尼（Chris Hani）遇刺。哈尼是曼德拉之后第二受欢迎的领导者，他的演说非常激烈，并且是个坚定的共产主义者。他被暗杀本来可以成为点燃内战的导火索。在他死的当天晚上，对全国发表讲话的不是当时的总统弗雷德里克•威廉•戴克拉克，而是曼德拉。

曼德拉对全国发表演说，开头表达了对南非人民的希望，以及南非人民的恐惧。 他把人们强烈的情感诉诸语言，一方面表达了对他们的悲痛和愤怒的理解，另一方面也同意他们的震惊。他以沉稳的声音和威严的姿态，阐明了他们共享的愿景：

> 这对于我们所有人来说都是一个分水岭。我们的选择和行动会决定我们是否会用我们的疼痛、悲伤和勇气去向我们国家唯一的解决方式迈进——一个民有、民治、民享的政府。[1]

在南非产生的这种合作，见证了一个阶下囚成为总统，展示了即使是非常极端的职位和政党的人也可以相互合作。这不是没有可能，只要还有共同的愿景、意愿、开放的心态、对话，当然，以及合作型领导。

---

1. Stengel, Richard (2010). Mandela's Way : Lessons On Life, Love and Courage. New York : Crown Publishing.

建立合作的步骤

每个合作从根本上说都是一个无形的过程，为了让人们能够有效地工作，人与人之间必须能够产生正确的化学反应。但是化学反应是最难以捉摸的，你看不到、听不到、触不到、闻不到也尝不到。作为一个过程，合作体现了我们之间的关系，我们如何交流、相处、协调日程等等，还有很多。

一个有效的合作是一种动态的、活跃的和互动的关系。因此，我们谈论合作时应该说我们做了什么。它依赖于合作中每个人的品质和行动，特别是它需要坚定的领导者。首先，合作需要一个人对于目标有想法和热情——想要与人谈论这个目标，邀请他人加入并鼓励人们完成这个目标。

谁领导了一个激励人心的愿景，谁就是一个合作型领导者。他积极主动，并注重唤起对那个愿景的共鸣，而不是注重地位、声望、职位或者权利。他为自己的事务排列先后，这样她就可以想到并去实现，而不是停留在夸夸其谈。哪些人是这种促进型的领导者，能够开始创造合作呢？一言以蔽之，是那些已经准备好了想要迈出那一步，以及情绪足够稳定去创造合作的人。合作型领导者可以分享自己的领导权，并加入团队成为一个合格的队员。这既让人兴奋，又充满挑战。

兴奋的地方在于它非常简单而且有趣。实现一个宏大的目标总是让人兴奋的——那些目标我们可以合作完成，但单个人却无法完成。想象把这些不同才能的人召集到一起是让人兴奋的，人们共享同一个的目标，每个人都贡献出一份自己的力量。一个高绩效团队能够创造出归属感和“我们”的概念（例如“我们都身处其中”），还能让人感受到，由于合作，我们的集体变得更明智、更有效率、更强大。成为这种高绩效团队的一份子是让人兴奋的。

现在我们来说说挑战的部分。要让一个团队以这种方式集合起来需要些什么呢？有哪些过程呢？一个人领导这样一个开拓性的事情，有什么事是必做的？这里列举了一些在合作中经常会出现的重要的步骤，其中任何一项都可以让巨大的差异走向成功合作：

・提出一个共同的愿景，能够表达共同的期望或者问题。

・进行沟通，使得不同的人都可以清晰而准确地理解对方。

・明确实现共同愿景所需要的天赋和技能。

・协调这些天赋、技能和具体日程，使得每个人的工作都能够以最优的方式贡献集体。

・创造一种文化或氛围，使得每个个体都无所顾虑地开诚布公、彼此信任以及贡献集体。

・细化工作，尽最大努力使得每个人都能有所贡献。

・订立合作的基本规则，确定一种方法能够以积极的方式解决冲突，来发现新想法、新方式和新途径。

・处理差异、冲突和遇到挫折时的沮丧。

・协调任务，使得合作更加高效高产。

步骤可真多！怪不得有效的合作特别需要坚定的领导者，能够把人们召集起来，协调整个过程或者是促使整个团队成为一个自治团队。

合作型领导的前提

也许合作型领导最大的也是最重要的前提就是别让自负阻碍你的工作。如果合作是个冒险旅程，可以让愿景成为现实的话，那么合作中的每个人都要把这个愿景排在第一位——这就意味着你的自负心（私人日程、个人荣誉、谁领功等等）必须退居第二。这件事并不是那么容易。

人们很容易就会让愿景排在第二，给个人日程和声望让位，以及思考愿景的时候总是想着自己可以从中得到什么。这些都会破坏共同愿景和合作团体。因此，领导者应该首先让他 / 她自己的自负屈从于愿景。这么做需要的是我们对自己要做的事情保有信念，相信我们所做的是为了更广大的利益。

一个好的球队就是这样的。想想一个有着明星球员的球队。如果那个明星球员不能把球投进篮筐或者射进球门的话，他就会把这个机会让给别人。团队的成功是第一位的。如果不是这样，那么那个明星球员也许会独霸球门，不停地运球，直到射门为止。这个人的心里想的是他自己的得分和新闻版面，而不是全队的利益。那么，即使一个球队也许有一个甚至更多的明星球员，那么一个有优秀球员——而不是明星球员——的队伍也往往能够打败他。之所以会这样，是因为团队要共同努力，团队工作建立在每个人的力量之上，而不是队员之间互相竞争。

自负阻碍合作的进程

这里还有一个悖论：合作是因你而形成，但并不是为你而形成。是的，我们之所以合作是因为我们有共同的愿景，我们想要实现一些事情。然而它所包含的内容要远远超过“我”。正是从这个意义上来看，我们说合作型领导者要求你不能让自己的自负阻碍了工作。但只有这一点是不够的，其他人的自负通常也会阻碍工作。这个问题的征兆包括：

· 他们想要在某些事情上以他们自己的方式行事。

· 他们想要按照自己的时间表来做事。

· 他们想要自己的立场和观点被接受。

· 他们没有耐心，甚至对他人的观点和做事方式不够宽容。

· 他们经常为了获得认可和地位而爱出风头。

· 他们会对他们认为是自己敌人的人进行抨击、讲闲话、散播谣言并且削弱他们的影响和力量。

创造一种合作文化

抛掉你的自负，也帮其他人摆脱自负，这些意味着创造合作文化的开始。作为一个合作型领导者，你需要和团队解释合作，解释你们正在做的事情以及你们共同努力可以成就什么。这有助于形成共同的愿景，产生合作氛围。

要想领导一种合作文化，领导者会想要正面支持每一种配合或合作的意识。这么做的原因很简单：你所支持的会不断发展壮大。如果员工共同工作、共同思考、共同计划，把他人放在第一位并为他们的成功欢呼，这些方面小小的举动都被关注和支持的话，就会传达出一个强有力的信息，那就是合作是至关重要的，会被关注到并给予奖励。

同样的，当出现不必要的竞争、人们在人事斗争上耗费大量精力的时候，特别是如果这些行为没有被批评甚至被无视了，那么人们得到的信息就是这种行为是没有问题的。这时候就需要领导力了。当削弱合作的事情发生的时候，领导者们需要非常警惕，并尽可能地快速解决。

勇于成为一个合作型领导者

如果你是一个独行侠，那么你是一个真正的领导者吗？如果一个领导者不能把人们召集到自己身边，并且让他们觉得自己身处于一个远胜于所有人的、更大、更好的目标时，那么他还是一个领导者吗？这个问题把我们带回了这本书的中心主题之一：合作型领导是下一个重大挑战。

任何人，只要他认为自己是一个领导者，或者把自己称为领导者，却并不与人分享、配合、合作，创造团队意识，那么事实上他是在自欺欺人。这个人只是他自己地位或位置上的领导者，但在领导人们共同工作的意义上，他并不是。这是否意味着，作为一个领导者，你必须要合作？答案是否定的。在《顶尖团队》（*Teams at the Top*）中，乔•R. 卡岑巴赫（Jon R. Katzenbach）提到，有些时候单一领导者模式来领导团队要比团队领导模式好得多。

但是，你如何发展自己成为一个合作型领导者？培养领导者的合作能力都需要什么？在我们看来，勇于挑战合作型领导，是领导力最根本的优势。这需要 7 个关键步骤：

1. 为他人和自己设定合作的愿景。
2. 招募员工加入合作。
3. 使那些与你共享愿景的人的价值有所提升。
4. 持续不断地与团队成员沟通，以使得愿景和任务持续有效。
5. 精心安排，使员工成为你的合作伙伴。
6. 向人们展示你的诚恳和脆弱。
7. 为团队增添丰富而坚定的意义。

1. 为他人和自己设置合作的愿景

既然愿景驱动着巨大的产出，那么我们就先从愿景开始。你的愿景是什么？有多坚定？有多激励人心？如果荣誉、关注、赞美等等更加让你激动的话，那么给合作创造一个令人信服的愿景就会变得非常困难。这一点直指领导力的核心。约翰•麦斯威尔（John Maxwell）说得好："一个人以为他在带领群众却无人跟随，他只是独断专行而已。"要成为一个领导者，你必须赢得人们的内心。你必须把他们吸引到一个可以想象的愿景上来。你是这么做的吗？你想要学习怎么做吗？

对于史蒂芬•乔布斯（Steven Jobs）来说，他对苹果公司的激励是："活着就为改变世界。"所以他的员工们都有这种意识，要把事情做到"超酷"。尽管乔布斯缺乏很多合作型领导者所需具备的个人能力和社交技能，他的愿景确实把人们聚集到合作项目中来。

纳尔逊·曼德拉如何获得他的合作愿景的？他生来就有。这是他早期做酋长的时候的一部分。正如理查德·斯坦格尔在《曼德拉的礼物》（*Mandela's Way*）中所说的：

> 领导团队最主要的方式不是越过他人跳到前面去，而是倾听他人并达成共识。
>
> 皇家会议，就像民主市民大会一样，是体现领导力的核心。人们从村里四面八方赶来，想说话的人都可以说。按照惯例，主席必须要在表达自己的观点之前，先要倾听他的顾问或者社区的意见。国王总是站得笔直而又自豪，当他在会议最后发言时，他会对听到的观点进行总结。
>
> 这就是曼德拉所说的“从后面进行领导”。他倾听、总结，然后形成观点，并引导人民去采取行动……非洲的领导方式被形象地称为“乌班图”，意思是人们的权利由他人授予，我们通过与他人毫无保留的互动而成为更好的自己。

2. 招募员工加入合作

谁会加入你的队伍？你想让谁加入队伍中？你需要队伍中有谁？那些招聘的合作型领导者们最看好团队候选队员身上两样东西：杰出的专业技能以及与他人一起工作的相关能力。华特·迪士尼（Walt Disney）就是这样。他能够慧眼识英才，并且非常重视到外面去招募他需要的人才。你能够看到人才以及他们的天赋和技能吗？你邀请这些人加入你的合作团队了吗？

> 现今，领导者最大的挑战之一就是让人们真正地相互沟通。
>
> ——理查德·布兰森（Richard Branson）
>
> 《维珍创业经》（*Like a Virgin*）

3. 使那些与你共享愿景的人的价值有所提升

人们会去追随一个愿景，所以领导者需要设定一个愿景，能够让团队成员意识到有些东西是为他们而准备的。他们应该看到的是，那个愿景以及实现它所需要付出的努力，会让他们的生活更加美好。它也会提升其他人的生活品质。有些领导者相信人们追随他们是因为崇拜其才智、外表、魅力和辞藻，这些领导者都是想成为偶像、领袖或者独裁者，并不是一个真正的领导者。想要人们崇拜他的才华的领导，并不能真正以合作型领导的方式带领团队。他的自负会阻碍工作。这和领导者有关，与愿景无关。

这里有一个悖论：领导力和领导者没有关系，它只是通过领导者传递出来的。这就涉及领导力指的不是领导者——而是那个共同的愿景。然而，领导力是通过作为载体的领导者、作为典范的共同愿景和领导者的激励与工作而表现出来的。真正的领导者往往什么事都冲到前面。他尽可能多地投入到共同愿景和团队中，以实现目标。这笔账你怎么算呢？你为那些站出来说要追随你的步伐和事业的人增添巨大价值了吗？你在他们身上投入了什么？你多久会思考一次如何为他们增添更多价值？

4. 持续不断地与团队成员沟通，以使得愿景和任务持续有效

领导工作并不凌驾于创造愿景之上。事实上，创造愿景才是工作的开始。下一步就是要让人们时刻想着那个愿景，并在周围事物发展变化的时候，让他们帮忙共同创造不断更新的愿景。这也包括让人们一起去解决阻挡实现愿景的障碍。

作为领导者，你创造的愿景并不会永远存在于你的团队的脑海中，除非你不断地进行更新，提供新的不同的方式来进行表述，在前进的过程中让人们参与其中。陈述愿景并搁置不理是远远不够的。作为一个领导者，你的任

务是让愿景保持活力——让它在你团队成员的脑海中不断回想翻转，使得它能够保持其意义和重要性。你正在这么做吗？你知道如何去做吗？你想要学习如何去做吗？

5. 精心安排，使员工成为合作伙伴

用实际的方式让人们参与其中，变成合作伙伴的领导力技能，来自于与他人持续沟通。这意味着同他们分享愿景的形成过程；意味着让人们到圈内来，让他们拥有决定权；意味着把责任交给他们，相信他们能够实现。

要成为愿景的合作领导者，人们会想要拥有发言权，有人征求他们的意见。真正的领导者不是创造跟随者，而是创造更多的领导者。真正的领导者会把他人培养成下一任领导者。这方面你是怎么做的？你培养谁来成为你的领导团队的一员？你准备让谁来掌握领导权力和承担责任？

精心安排需要管理，但这并不是控制。这意味着让人们发现自己的才能、位置、贡献和杰出性。精心安排需要培养自主性，这样人们才能得到良好发展。就像是一个指挥家，能够发现其他人卓越的地方，从而创造奇迹。是的，精心安排意味着计划。而它的意义更广——它需要进一步细化成功的关键步骤。这不能等同于微观管理或者追求完美。

6. 向人们展示你的诚恳和脆弱

领导者不可能像石头一样不可动摇。他们也是有血有肉的，同样会和我们所有人一样有不可靠的头脑、情感、话语和行为。一个真正的领导者会以符合队员传统习惯的、真正的和务实的方式去领导团队。真正的领导者不会藏在表象和面具后面。他们会从假象中走出来，展示自己人性的一面。他们对外人采取开放态度，甚至展现脆弱。他们会让人们看到其内心。

如果这听起来有点惊悚，那就对了——确实有点吓人。作为一个合作型领导者，你的挑战就是要去欣然接受它。当人们知道你的内心、你对那个愿

景的热爱之情，他们会意识到他们可以信任你。并非别有动机，也没有秘密。作为一个领导者，你要站在前面，直接、坦诚、明晰地做一个讲真话的人。你会如何做到这点？这也许是成为一个合作型领导者最核心的部分——用你的真实性去领导。

7. 为团队增添丰富而坚定的意义

每个人都应该知道他们的工作和贡献的意义。工作有了意义就不再只是工作，它变成了一种使命。当人们为一个合作型团体做贡献时，当他们时常被提醒他们工作的意义，以及同愿景的关系时，他们会更加充分地贡献自己——全心全意。

成为合作型领导者，下一步你要做什么

领导力是一件事情，而合作型领导力是另一件事。对于领导者传统的观念不是基于军队领导，就是英雄式领导——两种领导力都是合法形式，但也是两种独特的、不同寻常的形式。大多数机构或企业中的工作都不是一种军事活动，必须要打败某个敌人。它也不是一种英雄行为，拯救那些濒死之物。

相反，那些家庭、企业、机构、项目和公司中常见的领导，都是合作型的领导。正是这种领导把人们召集到一起，展现出他们最好的一面。这不是将军式领导，用命令和控制作为他的领导方法。这是有同情心、有远见的领导，时刻想着双赢，用激励的、富有思想的和有计划的方式沟通。

用下面这个清单来测测你现在的合作型领导的能力：

- 我对想要的未来或者需要解决的问题有一个愿景。
- 我激励人们去用我谈论的方式来共享这个愿景。
- 我时刻想着双赢，并从共同获利的角度来做事。

· 我知道如何把各类型的技能互补的人聚集到一起，成为合作型伙伴团队的一部分。

· 我有管理技能，让项目里的成员的天赋和技能相互配合协作。

· 我知道如何并有能力去创造一种合作文化。

· 我有能力展现每个人最好的一面，让他 / 她感受到可以去为合作项目做出贡献。

· 我有训练和促进团队发展的必备技能，让他们克服差异和冲突，一起工作。

· 我能够建立起合作的基本规则，并能够亲切温和地正视那些不能完成自己工作的人。

· 我愿意并且能够同一个或者多个合作型领导者共同来领导团队。

第 4 章　挑战：合作需要突破重重困难

信任至关重要。当你不和他们玩花招的时候，当你把所有事情都摊开来真诚沟通的时候，人们会去信任你。即使你的口才不好，你的理性诚实也会显露出来，而且人们能够意识到这一点，并去积极回应你。

——沃伦 • 本尼斯

如果合作型领导非常简单的话，那就随时随地都能产生合作了。然而不是这样的，合作型领导很有挑战性。有许多事情都会阻碍它的发展或者让它出现差错。凡事预则立，因此提前了解一个初出茅庐的合作型领导者将会面临的挑战是非常有帮助的。在本章中，我们来讨论一下合作会出现哪些差错，其中包括欺骗性的伪合作、合作的障碍和合作危机。

合作过程中可能出现的障碍

合作失败的情况要远远多于顺利的情况——它们有 50% 的情况是失败的，有时甚至是 70%。[1] 那么，出了什么问题呢？基本上说，任何对信任有破坏性

1. 在《合作型领导》中，戴维 • 阿彻和艾利克斯 • 卡梅伦提到有一半的合作联盟提前破裂。

的事情对于合作来说都是一种障碍，并会造成合作失败。信任就是黏合剂，没有了它，合作就意味着要承担很多风险——资金、时间、经历、信誉等等。在《合作势在必行》（*The Collaborative Imperative*）中，作者朗•里奇（Ron Ricci）和卡尔•威斯（Carl Wiese）坚称："信任能够使每一个成功的合作团队更加稳固……清楚地表达团队的目标，并提前确定你们对彼此的期待是什么。"

1. 一个失败的合作——第一次人类潜能运动

人类潜能运动（Human Potential Movement, HPM）源起于亚伯拉罕•马斯洛（Abraham Maslow），之后迅速传播开来。这个有关人类潜能的心理学观点迅速得到数以万计的人的共鸣。这个运动开始得非常缓慢，马斯洛和卡尔•罗杰斯（Carl Rogers）先是规划出人性中健康向上的一面，然后开始以一种全新的方式来建构"人性"——HPM 的这种成长和发展的方式非常自然、有机，并且带有先天性。

马斯洛于 1935 年开始建构他的两个导师马克思•韦特海默（Max Wertheimer, 格式塔心理学的联合创始人）和鲁丝•本尼迪克特（Ruth Benedict, 文化人类学的联合创始人）的特点、品质和信念。作为一个行为学家，马斯洛注意到他们都非常成熟和健康，是"非常非常完美"的人。他还在自传中提到，他没有办法去理解他们——至少，用那时的心理学工具（也就是行为主义和精神分析法）是做不到的。这引发了他的探索。他开始写一本书叫《好人研究》（*Good Human Studies*），之后走上了发展人本主义（或者说自我实现）心理学的道路。

其后 30 年，他都在研究几千个有自我实现品质的人的生活和特征。1943 年，他创造了需求层次理论，但是他又花了 13 年进行这个研究，然后才写成了他的经典著作《动机与人格》（*Motivation and Personality*）。通过这本书，人类潜能运动走向了世界。

奥尔德斯·赫胥黎（Aldous Huxley）开始在他的演讲中探讨人类潜力运动的需求。罗洛·梅（Rollo May）、罗伯托·阿沙吉欧力（Roberto Assagioli）和其他几十个学者也都是这么做的。他们的方式相似，都提出了人类潜能的可能性。正因为如此，马斯洛以提名、接纳、称他们为“同僚”（马斯洛的包容精神也被他欣然写进自己的作品中）的方式，来欢迎他们每个人加入到这场运动中来。之后，随着事情的发展，他邀请他的新同事们去参加会议、小组和论坛，给他们机会能够发出自己的声音、做出自己的贡献——例如一些作品选集的发表，其编辑都是马斯洛。

在这些日子里，马斯洛成了一个合作者，并证实了他的合作技能。但是合作必须是双向的，这也是人类潜能运动失败的地方。尽管马斯洛和他的学生 [修斯钊（Evertt Shostrom）、詹姆斯·布根塔尔（James Bugental）、柯林·威尔森（Colin Wilson）等等] 的确在合作沟通和行事，但那些被邀请的人中间极少数人是在进行相似的合作的。

从有关伊莎兰学院（Esalen）的历史中我们可以清楚地看到，在 HPM 智囊团中所发生的根本不是合作。在杰弗瑞·克里普（Jeffrey Kripal）的自传中有关伊莎兰（Esalen）的部分，形容当时的氛围像一场战争。问题就在于，是谁想要竖立起自己的大旗，把 HPM 变成自己的呢？会是弗里茨·帕尔斯（Fritz Perls）吗？他是马斯洛的对手中最喜欢竞争甚至有些好斗的一个。会是威廉·舒茨（Will Schutz）吗？他 1967 年写了《快乐》（*Joy*）一书，并把 HPM 放在了美国的版图上。他后来声称自己是“伊莎兰国王”以及 HPM 的发起者！在马斯洛去世之后，卡尔·罗杰斯甚至声称自己是 HPM 唯一的发起者。

几年以前，我在一篇名为《如何抹杀一场运动》（*How to Kill a Movement*）[1] 的文章中发现了这些细节。这篇文章的观点是：合作必须是双向的。合作中

---

1. 我把亚伯拉罕·马斯洛、卡尔·罗杰斯和第一场 HPM 中很多其他领导者的作品都研究了一遍又一遍。我这么做是为了完全理解自我实现的模式，人们借此去定义并释放自己的潜能，成为“完全起作用的人”。

必须有舍有得以及深刻的同事观念。合作中必须有慷慨大方的精神，成员能够意识到其他人的感受。如果不是这样，那么任何以单一领导者的愿景和观念为基础而产生的团队，其领导者的影响力所持续的时间有多长，那么这个团队持续的时间就有多长。第一个 HPM 就是这样一个例子。

2. 不对称合作

有一个合作是我和一个活动组织者一起创建的，这个合作我参与了 5 年，一开始进行得很顺利，之后出现了问题。由于我在 NLP 领域作为培训师和作家有一定的声誉，她联系到我，邀请我去她所在的国家。这对我来说是有益的，因为我想要到那个国家去开拓我的工作。这对于她来说也是有益的，她需要一个在国际上有良好声誉的培训师。

我是她的愿景的最佳人选。然而那时候，我没有进一步开拓她的合作愿景。这是一个非常严重的错误。我们当时确实讨论了如何一起工作及其合作机制，但是没有讨论为什么要一起工作。如果当时我们讨论了一起工作的原因，我们本可以谈到共同的愿景，我就能发现我们每个人想要实现的愿景从一开始就迥然不同。

因此，尽管没有事先进行尽职调查，我们依然开始了合作。一开始的几年工作相当顺利。但是在那期间，我们有好几次非常明显地发现我们两个都遵循着完全不同的价值观和愿景在工作。对于她来说，这一切都是交易，所以成功的唯一衡量标准就是经济标准。对于我来说，我的目标是为 NLP 打造更为积极向上的声誉，建立一个持久的社区，为我们的工作增添更多意义，并且证实在未来几十年可能改变这个领域的领导力的品质和类型。

当我们对于下一阶段的发展很明显有着不同的看法时，我们的合作破裂了。她想要在培训中引入“强行销售”的方法。我想要为团队介绍一些配套支持措施。结果显而易见，但我们还需要彼此再进行一年的培训课程，后来也如期进行了。可是在那段时间，合作精神已经没有了。尽管我们在公共场合还尽力保持着友好的笑容，但背地里我们对彼此的价值观都互相鄙夷，觉得对方是活在另一个世界的外星生物。

哪里错了呢？在某种程度上，我们之间只是工具性合作关系，但我们并没有意识到这一点（好吧，是我没有意识到）。我们没有花足够的时间去把对方当作合作伙伴来了解彼此。我们完全把重点放在了实际工作问题上。对我来说，我假定我们之间是共享愿景式的合作关系，但我没有充分与她确认这一点。我本以为既然她选择了我，那我们就处于同一阵地了，因此我们的愿景也是相同的。在最后的那段时间里，即使我们同意共享彼此的资产和资源，但是她拒绝共享我们共同创造的数据库。尽管我没有做任何有违她的信任的事情，但是她坚信我可能会提供同样的（或是相似的）产品来与她竞争。

我从这次经历中学到了很多。重要的一点就是：合作的开端非常重要。回想过去，我意识到合作从一开始时间就很有限，没有足够稳固的基础去进行长期合作。我还发现，我们太轻易、太迅速进入合作了，对于我们合作的事物并没有一个足够的共同愿景。如果是一个短期的临时合作还好，但是对于一个长期的有共同愿景的合作来说就远远不够了。它甚至不是一个伪合作，它仅仅是一种工作关系。

当你合作的时候，要确保你和你的团队探讨了以下问题：

- 我们如何开始这次合作？
- 当我们开始合作时，我们共同的愿景和价值观是什么？
- 是否有人处于失意期，或者只是试图取代前一个合作伙伴？
- 我们是想要创造一种短期合作还是长期合作？

挑战不仅仅是要创造更多的合作，而是要创造正确的合作。仅仅是因为有一个可以合作的机会，并不意味着你就应该去合作。毕竟，合作本身并不是灵丹妙药，或者适用于所有情况的最佳解决方案。正确的合作会适用于特定的场景、个体、价值观、愿景、实际情况、资源等等。

3. 伪合作

这里还存在一个挑战：不是所有被称为是合作的事情，都是真正的合作。你也许会有一个并不是完全意义上的合作，在某些方面它是假的。这样的合作是一种伪合作。是什么样的互动关系使得它成了一个伪合作？人们是如何去相互配合，但并没有创造出真正的合作的呢？

这里有一些因素来帮你识别伪合作：

- 合作话语：运用合作中的一些语言，让你对与他人互动的描述听起来像是合作，但实际上它只停留在口头上。它甚至有可能是一场激动、鼓舞人心的演讲，但最终什么也没有。它只是纸上谈兵，并没有实际行动。
- 共识：试图去降低与他人合作的愿景、标准和质量，以达到团队内所有人的共识。这只是共识，不是真正的合作。
- 建立人际网：与不同群组的人交际应酬，与许多人见面、结识，这是在建立人际网，不是合作。
- 单一领导者团队：领导一个团队去达成某个目标或者实现某种结果，并称之为合作。这是一种伪合作，不是真正的合作。
- 给出提议：对某个人或者团队给出一个提议，并假定主动提议承担一个项目就等同于合作。
- 委托他人：通过通知、委托等，让别人去做你想要的事。
- 配合：即使配合和合作的文字解释从根源上看很相似，但它们并不完全一样。尼克·莱福士（Nick LeForce）是这么区分的：

> 配合强调与他人友好相处和工作，你们通常是为了共同的利益而相互配合……合作还强调作为任何一方去主动贡献自己的力量。你可以和他人配合，但是并不合作。为了达成真正的合作，你必须要投入进去，主动寻求如何同时达到自己和他人的需求。合作需要合理的自我主张和良好的配合。

合作是配合的更进一步，充分利用了三种感知位置。[1]

4. 合作的障碍

什么会阻止你去有效地合作呢？已知合作是自己和他人之间、个人发展（自我发展）的技能和社会技能之间的结合体，那么合作在以下这些轴线的每个方面都存在着很多障碍：

这是在自我发展轴线上的障碍：

- 不够成熟
- 害怕
- 个人主义
- 利己主义 / 自大
- 只顾自己
- 独行侠
- 渴望权利
- 心存戒备

这是在社会发展轴线上的障碍：

- 社会能力不成熟
- 资源匮乏
- 嫉妒
- 憎恨
- 别有动机
- 交际花

---

1. 在《共同创造：如何为结果而合作》（*Co-Creation : How to Collaborate for Results*, 2009）中，尼克 • 莱佛士（Nick LeForce）详述了 NLP 三种感知位置之间的区别：第一种是“我”以及从自身出发去观察；第二种就进入了他人角色，可以看见、听见并感知到其他人的处境——这就是共情感知（“你”）；第三种是“我们”，它可以看到我们所处的更大的系统。

· 社会性自私

· 缺少榜样

在下列连续体量表上，从自我发展到社会发展，你处于哪个位置？

自我发展	社会发展

5. 神经系统性的合作

在总结本章之前，我们想要强调一下，尽管合作也许需要投入精力——事实上是投入很大精力，但合作也是一个自然的过程。它之所以自然，只有一个简单的原因：因为我们在神经层面相互联结而共同合作。

在一个资源有限的世界，生存下来的最佳策略也许就是尽可能地为自己争夺最多的资源。这是达尔文对物种生存的表述，即每个物种力争保护自己的基因得到繁殖延续。然而一些生物，包括人类在内，发展出了一些神经学机制来对抗这种趋势，这种行为反而促进了配合和合作。在这些物种中，一个成员所施与的帮助或支持，会被对方所报答，从而建立起相互信任的纽带。除此之外，当我们从他人那里得到帮助的时候，我们更有可能去给另外一个人帮助。这种帮助他人的意愿是利他主义的一种形式，有助于保护集体内的大多数人。共同工作也被证实有助于促进信息资源开发、论证和资源更加合理配置的发展。

现在有大量对于促使这种行为的大脑网络的研究。这种行为的每一项益处都依赖于人与人之间的自由的信息交换——这是合作中一个重要的因素。既然互相地利他主义在动物世界中非常稀有，那么它的产生必然有一些特定环境。在我们人类的发展过程中，回应并理解他人的行为逐渐在一些阶段凸显出来。目前共情演变有 3 个发展阶段：

1. 情感唤起——在一生中必须跟其他人有频繁的互动。

2. 共情关注——必须有一种机制来限制自私行为倾向。

3. 共情理解——每个人必须能够鉴定出群体成员中谁会去报答别人，谁不会。

达尔文（Darwin, 1871）说道：

> 同情心在自然选择的过程中会得到增强。那些绝大多数成员都有同情心的群体，能够非常好地生存延续下去，养育最多的后代。

共情演变的第一阶段是情感唤起。这来自于我们能够识别并回应我们自己的情感信号。有人提出一些情感会进一步演变成某种信号，提示着改变行为模式的需要。我们可以把它们分为两类。第一，其中一些情感提示了解决方法，能够优化人的行为。这包括一些积极的情感，例如开心、幸福、满足、怜悯等，以及消极的情感，如生气等。第二，还有一些情感预示着逃避，并会导恶化少人的行为模式。包括消极的情感，如恶心、害怕、悲伤、愧疚和尴尬。

第二阶段是共情关注。人们认为这个阶段部分是由于哺乳动物的胎盘生长以及婴儿出生之后的发展而演变来的，这导致了育儿行为的延长。育儿行为取决于判定他人情感的能力，特别是饥饿、痛苦、忧虑和害怕，这是一种出现在哺乳动物进化早期的能力。这种影响被称为是“情绪传染”，所有哺乳动物中都存在着这种现象。当一个人的口头、面部和动作信号引起另一个人的相似的情感状态时，情感传染就产生了。

情感传染和催产素及抗利尿激素的分泌有关，这二者都能够增加看护人的同情心，降低看护过程中的害怕和焦虑，从而提升被看护者的幸福感。情感传染也能够在活动中使得杏仁体（能够减少社会威胁）和前额皮质（能够规范情感回应）产生波动。研究也发现，催产素能够直接增加多巴胺的分泌，从而给看护行为以极大的鼓励。正是这种机制，是选择阻止自私行为趋向的原因。人们从看护行为中获得社会奖励，这就已经足够在许多情况下克服自私行为了。

第三个发展阶段是共情理解。这种共情的更高一级形式历来取决于自我意识的发展，它能够在两种主要途径上提高共情的能力：它能够让我们依据从他人那里得到的反馈，来决定和遵循社会规范；它能够让我们假设和我们的情感状态有关的其他人的情感状态。人们认为，自我意识在人类两三岁的时候开始发展。能够区分自己和他人，这对我们提高关于想法、目的和他人的情绪做出反馈的能力来说至关重要，从而能够提升我们预测他人潜在行为的能力。这就是心智理论。

在催产素和心智理论的联合作用下，人们有能力区分谁会知恩图报，而谁不会。尽管催产素被证实在某些情况下，能够提高人与人之间的信任，但它并不总是能够提升社会关系。它也会导致我们更加倾向于保护自我，远离那些我们认为不是同一个“小组”的人。因此，催产素能够增加组员之间的信任，但也能够降低对于非组员的人的信任，从而导致自我保护行为的产生。心智理论能够让我们模拟他人潜在的行为和意图，从而让我们决定我们是否认为他们是我们小组中的一部分（并很愿意帮助我们）或者认为他们是小组外的一员，从而不那么值得信任。

最近一个脑科学领域的重大突破正好证实了我们的社会联结。1992 年，镜像神经元的发现为模仿学习提供了一个神经学基础。其中一个理论就是，镜像神经元的作用就是让我们能够快速看懂、听懂人们的所作所为——外界经验——然后在内部进行镜像反映。这是我们模仿在他人那里所看到的和听到的反应模式的基础。

这个研究表明，人类从根本上说是社会动物——社会性是我们的本性。阿尔弗雷德•科尔兹布斯基（Alfred Korzybski, 1933）说人类是“粘结时间的生物”[1]。这是指我们在某个时间里所学习的东西能够呈现在我们的神经活动

1. 科尔兹布斯基（Korzybski）说植物是化学粘结剂，因为它们能够把土壤和空气中的化学成分吸收到自己体内从而生长。动物是空间粘结剂，它们在一定的空间中活动，并吸收生命所需的养分。人类也是这样，但又有所超越，人类是时间粘结剂，他们从前人那里学习并发展自我。他们通过符号和语言机制来理解自我。——原文注

中，从而变成我们的一部分。我们通过另外一种类型的合作来达到这一点——运用共同的具象系统，例如形成语言的符号等。因此，亚里士多德（Aristotle）、爱因斯坦（Einstein）或者比尔·盖茨（Bill Gates）学到的东西，也可以被其他人通过包括语言在内的共同的象征符号所学习模仿。

在《致命的自负》（*The Fatal Conceit*, 1988）中，经济学家、哲学家哈耶克（F. A. Hayek）提到我们为合作而相互联结：

> 这些基因遗传的本能能够指导军队内部的相互配合，这是一种被严格限制在相互了解信任的同伴之间的关系……这些类型的协调取决于互相团结和利他主义的本能——这种本能应用于自己团队的成员，而不是其他团队。
>
> 个体之间的差异会增加合作团队的力量，远远超过个体力量的总和。有一些人类独特的才能，在祖先被迫独自挣扎生存的时候，本被弃置不用了，但协同合作能够重新唤起这些独特的才能。文明建立在人类有着最丰富的多样性的发展之上。人类不断增长的智力，不是由于几个人的知识的增加，而是由于把散落在不同地方的信息综合起来的过程，而这个过程反过来可以产生秩序，提高生产力。

成为合作型领导者，下一步你要做什么

要充分了解在合作的时候存在并终会产生各种挑战，这会是一个有价值的提醒，这样你就会对潜在的隐患多加注意。你充分意识到了这些挑战吗？你如何把这一信息当成初期警示系统？归根结底，合作需要对彼此的信任，需要发展信任，需要信任能够滋生的文化环境以及对可依赖性的需求。你有多信任别人？

第二部分

合作式工作法

第 1 步　统筹规划：明确合作的全过程

如果我们是相互联系的，整个世界也是相互联系的，那么让这个世界运转的唯一方法就是有一套共同的价值取向。我们除了共同合作以外，别无选择。

——托尼•布莱尔（Tony Blair），英国前首相

互联网时代，合作将会是一种至关重要的商业能力。能够决定成功与否的不是相互竞争的能力，而是友好合作的能力。

——詹姆斯•M. 库泽斯（James M. Kouzes）

一旦一个领导者或领导团队发起了一个合作的邀请，而人们开始对于合作带来的可能性产生兴趣时，真正的旅途就开始了。你正走在这样一条道路上——它是共同创造的合作之路，能够超越任何一个人独自所能完成的事情。

这个旅途是什么？我们如何可以参与到一个合作型企业中？当你开始出发去冒险的时候，你能够期待些什么？它如何能够起步、发展、达到成熟并圆满结束？什么是合作的道路？这条道路上有哪些步骤和阶段？你可以实现你的目标吗？所有这些策略性问题都是有关合作之路的——这是本章的重点。

通常任何一个成功的合作过程都会有 10 个主要的步骤和阶段，它们包括：

1. 遇到一个问题或者展望一个愿景。
2. 发出一个邀约。
3. 探索、集思广益或者找到一个解决方法。
4. 接受一个挑战或做出一个承诺。
5. 通过一个项目策略。
6. 开发一个创新的解决方案。
7. 发现并解决项目过程中遇到的问题或障碍。
8. 得到成果（解决了问题或者达成了目标）。
9. 庆祝合作成功。
10. 确认圆满结束。

本章我们将会逐一解释各个步骤。然而在开始之前，我们想要向你解释一下囚徒困境，因为要想成功合作，对于那种经常需要去解决的分歧，它会是一个有用的启示。

囚徒困境

囚徒困境是一种博弈，原本是用来探讨双方之间的相互关系：是彼此竞争以得到对自己最好的结果，还是相互合作达到双方共赢的状态。在两股像是要把我们拉向相反方向的力量之中，我们如何创造出自我内在的和谐统一？一方面是相互配合或者共同获利的机会，另一方面是一种诱惑，通过竞争以牺牲对方为代价，也许能够得到更好的结果。

想象一下这种情况：两个违法者被逮捕，并被分开进行审讯。如果两个人都保持沉默，那么他们都可能被宣判无罪——对于双方都有利。然而，如果其中一个人提供对同犯不利的证据（揭发对方），他就能得到从轻发落，而他的同伴就会被重判。当然，两个囚犯都不知道对方会做何选择。

	囚犯 B 合作	囚犯 B 背叛
囚犯 A 合作	每个人都获刑一个月	囚犯 A 获刑三个月 囚犯 B 无罪释放
囚犯 A 背叛	囚犯 A 无罪释放 囚犯 B 获刑三个月	每个人都获刑两个月

如果我们给这个场景中的每个选择一个数值，那么我们可以得到如下结论：

· 如果他们双方都相互合作保持沉默，那他们每个人可以得到 3 分作为合作的奖励。

· 如果他们双方都互相背叛告发对方，那他们每个人都得到 1 分作为不合作的惩罚。

· 如果一个人背叛，另一个人合作，那么背叛者因竞争而得 5 分，选择信任的合作者因被骗而得 0 分。

个人利益和团体利益在这个囚徒困境中面临着正面冲突。它极其简单明了，引发了数千个科学实验和无数研究来讨论最好的策略是什么，是合作还是背叛？

这其中具有诱惑力的地方在于，当其中一个人选择合作的时候，另一方选择背叛就能获得最大的利益。这对于个人来说永远是最好的选择。问题是对方很有可能也会以同样的逻辑线路来思考。如果这种情况发生的话，那么双方最后都只得 1 分，这对于两个人来说都是最糟糕的结果——比他们选择合作少了 2 分。

这并不是一个为了给大学生上课而编造出的奇怪的设定。在大多数社交场合，竞争和合作在不同程度和结合方式上都是存在的。这个困境中有两个基本的动机：通过压榨对方来使自己获利的贪婪和因被压榨而造成损失的恐惧。每个动机单独来看都是极具破坏性的。放在一起，它们就创造了一种“让别人去做”的社会，其中没有任何一个人会去做。

	他合作	他竞争
我合作	彼此的好邻居	被压榨
我竞争	被压榨	共同损失

那么这个研究证明了什么呢？有几件事情。第一，选择做竞争者的人错误地假定他们的对手也都是竞争者，即使是他们的对手选择了做合作者。第二实验表明，合作者在识别他们对手的选择的时候要更加准确，不管是竞争还是合作。

研究利他主义和合作的心理学家莫顿•多奇（Morton Deutsch）说：

竞争和合作的过程都趋向于自我确认，因此合作的经历会导致合作增加的良性循环，而竞争会导致竞争增强的恶性循环。[1]

那么哪个选择才是最好的、收获最大的呢？它是生活中唯一最优选择吗？或者说优势策略是最好的，选择合作以益于每一个人？其最低标准是，从长期来看，最高产及高利润的策略就是从合作的姿态开始，但对于会发生的事情保持警惕，以在必要的时候根据情况进行转换。因此，当对手选择竞争的时候，你就选择竞争。当你看到你的对手合作的时候，回到合作的位置上。这就是我们能从囚徒困境中学到的。

1. Deutsch, Morton (1973) . The Resolution of Conflict : Constructive and Destructive Processes. New Haven, CT and London : Yale University Press.

头脑中有了这样清晰的观念之后，让我们一起来逐一看看那 10 个步骤。

1. 遇到一个问题或展望一个愿景

合作通常起始于一种需求、渴望、问题或者愿景。一些人看到或者感知到一个需要去处理或者解决的问题，或者看到或感知到实现一个被人所期待的愿景的可能性。通过这种经历来为合作的引擎提供动力。当这个需求或愿景太过巨大，一个人无法独自实现的时候，这一点尤其正确。

迈克尔的故事

在进入 NLP 领域之后，我开始注意到这个领域中的一些问题。这些问题大多是伦理道德方面的，是因为错误地使用理论模型或者没有将理论用于实践而产生的。因此我开始谈论一些我看到的滥用现象——当我看到某人用 NLP 强大的沟通方法去操纵其他人的时候，我真的感到非常厌恶。而且，当我看到其他人的做法和培训不一致的时候，我也觉得很不安。对我来说，这些都不道德也不专业。最终，我和其他 3 个培训师一起合作，我们把它写成了一篇文章，叫作《应对 NLP 的缺点》。这是第一篇评论这个问题的文章，发表于 1993 年。

几年之后，在 1996 年，我遇到了有关这个问题的更多的案例。理查德・班德勒（Richard Bandler）是 NLP 的联合创始人之一，他曾决定要在美国起诉“NLP 领域”。他提起了一个标的额为 9000 万美元的诉讼案件，要求享有注册商标专用权，从而“拥有”这个学科。在这个过程中，他几乎取消了所有培训师的资格。从那时候起，我开始和鲍勃・博登海默（Bob Bodenhamer）一起想要为这件事去做些什么。

作为有执照的 NLP 培训师，我们知道一旦这个案件胜诉，我们就不能像过去几年一样，去对别人进行 NLP 培训了。当我们在讨论这个问题的时候，我们还看到了这个领域其他一些问题，我们抓住了一个共同的愿景，可以一起去解决它。我们的愿景就是，在 NLP 内形成一个社区，致力于发展一种职业道德——把应用 NLP 的理论和方法作为根基。用阿尔弗雷德·科尔兹布斯基（Alfrd Korzybski）在《科学与精神健全》（*Science and Sanity*）中的术语，我们把它叫作“神经语义学”。

作为这次合作的一部分，鲍勃决定创建一个网站，并要我写一个愿景宣言来放在网站上。我很快就把我们讨论过并在这个领域所坚信的愿景形成了文字：

我们的愿景就是要以专业并合乎职业道德的方式，把 NLP 带向更高层次。这是在践行 NLP 的前提，即在资源丰富的状态下运作、保持合作、学会赞誉他人并以尊严和荣誉待人。

就是这么简单。在几天之内，就有人打电话并询问加入“神经语义学组织”都有哪些要求。我们也不知道有什么要求。虽然很难以置信，但我们并没有提前想到那么远。在那个周末，又有 7 个人想要加入。今天，国际神经语义学组织已经在全球 44 个国家有成千上万名培训师、教练和成员了。

伊恩的故事

在 1988 年，我成立了国际教学研讨会，从而可以介绍一些令人激动的新方法，来发展成功的个人和企业变革管理，这也是我一直在做的。在我看来，我们当时的的确确在发现真正有用的方法这条路上走在前面。然而，我们当时所缺乏的是对于我们的工作之所以有效的一种神经学解释。这是一直不断让我着迷又沮丧的源头。

这么多年以来，我一直在和同事合作，去发展和促进那些我们觉得有效的 NLP 工具的新应用。仅仅是几年以前，实现神经科学和 NLP 的交叉研究的梦想对我来说还只是一种可能。

我花了好几年的时间去和神经科学家进行交流——我在寻找对改变技术感兴趣的人，并且在科学领域有一定资历，能够说明有效的方法是什么及其原因。最终，我见到了帕特里夏•里德尔（Patricia Riddle），她有30年的研究经验。更与众不同的是，她曾完成了NLP从业者培训。正如她所说的，她当时非常不情愿地被拉了进去，但之后却发现它非常有趣。她当时无所适从：她的教练会证明一个技术可行，但是又说："可神经科学并不接受这个。"她会努力寻求去改变这个印象，她说："作为一个神经科学家，这非常好理解，我可以告诉你为什么。"然而，她的教练并没有去深究这个问题。

当她第一次告诉我这个故事的时候，我惊呆了，这就是我要找的！这个时间非常偶然。帕特里夏正在思考她作为一个神经科学教授，她官方的称呼应该是什么。我问她什么对她来讲是最重要的，她说是将神经科学进行应用。因此，她就成了一个应用神经学教授。

当我们就合作达成一致的时候，我们一开始的宏大愿景是：其一是把神经科学的内容带向全世界，其二是运用神经科学来解释为什么某些现存干预是有用的。我们开始时，先是把神经科学的一些组成部分加入到我所进行的NLP从业师培训中去（帕特里夏在每阶段最后一天的早晨过来，复习前两天所培训的神经科学的内容）。这是我们共同设计的。它给了我们一个机会去公开合作，发展共同语言。

我们都发现它的回报非常丰厚。它鼓励我们走得更远。我们下一个项目就是共同设计一个非全日制的项目，目的是精炼出现有的神经学研究，并解释如何去进行应用。项目结束可以获得一个应用神经学证书。这个项目现在已经成为一个一年期项目了。

如果我们仔细剖析一下这次的创举，问题就出在，多年以来，神经科学研究看起来都"停留在实验室"中了——意思是外行人不是不懂，就是不知道如何运用自己所学到的东西（许多人对大脑的理解还停留在三四十年以前。我想不出还有哪个学科也是这样的了）。

我们开始去探索各种解决方案，并最终确定了一个证书项目——这会是一个不错的方式去开始、达成一个策略并开启一种解决方案。对我们来说，最主要的问题就是在我们尽到自己的专业职责之余，要去做完所有这些。然而，项目只做一次并不能达到广为人知。因此我们还要不断重复。另外我们还在过程中又探索出了很多新的创造。这个过程中有许多值得我们去庆祝的事，但是对我们来说，合作的旅程还在继续。

2. 发出一个邀约

这个邀约是一种解决问题或实现愿景的需求。通常，当某个人在一些人面前说出内心所想的时候，邀约就产生了。之后，这个邀约就会变得越来越正式，成为一起做某事的提议。邀约通常是“某个人应该要来做这件事了”的具体表现形式。

我对于神经语义学的愿景来自于一场和十几个人的对话，我们当时在讨论“让 NLP 发展到更高阶段”的想法。当愿景形成之后，我起初邀请了 4 个跟我有同样想法的人加入到我的队伍，从而产生了第一个神经语义学组织。随后不久，我们又邀请了两个人，但是他们拒绝成为这个先驱团队的一员。尽管他们大体上认同我们的愿景，但是他们觉得要公开表明 NLP 经受了太多批评并需要进行改革，对于他们的个人声誉来说太过冒险了。

在我和帕特里夏的合作当中，我的好奇心驱使我去邀请她。这开启了一段探索旅程，这种探索后来成了我们都热爱的跨学科领域的一系列培训。

3. 探索、集思广益或者找到一个解决方法

探索、集思广益并最终找到解决方法通常都来自于需求或者期望。解决方法可以是产品、服务、信息或者经历。通过一些人的合作和沟通，当他们思考事情的可行性以理解合作最初的促成因素的时候，想法就产生了。

发现或创造一种解决方法是合作最核心的部分。有研究表明，如果合作

围绕着一个明确的目标，团队就会更有创造性，能够比个人产生更加高质量的创造力。正如人们所说："整体大于部分之和。"

我和鲍勃·博登海默（Bob Bodenhamer）以及其他很多人一起创造的解决方法在一开始只是一个运动，之后神经语义学成了一个社团，并最终成了一个国际组织。一开始，那个解决方法是我们之前谈论并描绘过的变革和经验。对于我们来说，这意味着把"自我实践"放到神经语义学的愿景和方案中去。解决方法的另一部分也是促进事情发展的价值所在。这在我们的宣言中有明确的阐述："我们在前行的过程中不断创新。"这一点把持续发展和不断进化放在了社团的核心位置。

4. 接受一个挑战或做出一个承诺

想出一个解决方法并不是事情的结束，它恰恰是合作的开始。在一个可行的、具有实际操作性的解决方法出现之后，就开始了挑战中艰难的部分——实现这个解决方法。这就意味着要为这个变化或者项目努力。心理合作能够产生不错甚至是非常好的想法，但如果没有好的领导力的话，都会无疾而终。正是领导力能够把一个非常好的想法变成一种愿景，然后从那些很有可能去实现它的人当中取得支持。

我本以为创造一个完整的社团去让人们实践 NLP 的价值观是个很棒的主意，包括有道德的、专业的、有生态意识的、有效的沟通者努力克服冲突，共享资源，赞誉他人，彼此成为合作伙伴等等。我热爱这个想法，我也坚信其他人也会爱这个想法。我也知道对于一些人来说，为了实践这个想法而做出必要的改变是一件非常有挑战性的事情。那的确意味着面临一个完全不同的问题。因此几年来，神经语义学的"实验"经历了无数次改变。对于我们组织起来的领导力团队是这样，对于我们在世界上 20 多个国家中开设的机构之中也是这样的。我们在前行的路上在不断创新。

2010 年在南非的时候，我给我们神经语义学社团的高级教练们设定了一个问题和远景："有关 NLP，你们有多少人曾经说过'他们应该把这些东西教给小孩子'？你们有多少人曾经想过'他们为什么不在学校里教这些东西呢'？"他们每个人都意识到他们有过这种想法，而且几乎都肯定他们确实有一次或多次曾说过这些话。"那么就让我们来这么做吧！"我提议到。"我们一起来选择 NLP 和高级状态的基础知识，并设计学校老师的每日课程计划以及适合孩子们的学习用书吧。"我们恰恰也是这么做的。

我们的 6 天成人培训（48 课时）材料介绍了 NLP 沟通模型基础以及应用于个人控制的高级状态模型，40 个高级教练编写了 12 个年级的学习用书。每个年级的学习用书都有 40 课，适用于每个学年的 40 周，每课适合 1 个小时的课时。所有材料的主题都是自我领导。

也许它听起来很简单，但它是一个主要项目。一开始，一个 7 人组成的领导团队编写出每个年级 40 课的主题，然后为每个年级寻求 2~4 个人去具体负责设计和编写工作。成人的课程说明长达 150 页，所以每个年级的课程也是这样。与此同时，由南非一家公司 AMKA 牵头，在 CEO 尼扎姆•卡拉（Nizam Kalla）的指导下选择了约翰内斯堡一个当地学校来在他们一整个学年中运行我们的项目，作为运行样本。

总的说来，完成这个项目所遇到的挑战和投入花去了两年半的时间。今天，我们的学习用书已经在世界上任何一个学校都可以使用了。我们社团中的其他团队把材料翻译成了西班牙语、挪威语、中文和葡萄牙语。

5. 通过一个有关项目的策略

从领导愿景和价值观，再到管理具体的过程，必须要发展相应的策略。这是指要开发一个有策略性的方法来管理、制订预算、搭建框架并解决问题，这样合作才可以继续向前。现在，合作要细化到每一天的任务管理，只有完成这些，才能成功实现解决方法。

对我来说，这意味着我必须要完成那些我非常不想做也不认为我能做得好的事情。我需要去转换角色，从我非常有经验并享受其中的设定和鼓励愿景，转换到去管理它。这意味着要和鲍勃•博登海默（Bob Bodenhamer）创立第一个网站，设立并监控网络团队，获得非营利性身份，注册神经语义学商标，设立银行账户，建立领导团队开会和决策的程序，记录决议和计划，以及很多其他事务。

这种类型的管理事务不是我的专长。但是如果要实现我们的愿景的话，我知道这些是必须要做的。在早些年，我经常遗漏一些我本应该多加注意的重要的事情。然而那些错误以及我缺乏对于那些细节的关注，教会了我如何去履行管理职责，并学会了元细节技能。这种技能要求把握大体视角（参考元框架章节），同时确定那些实现它的具体细节。

6. 开发一个创新的解决方法

管理解决方法的策略就是在合作中取得独创的解决方法并着手去实现它。开始贯彻执行时，需要做的就是每天的实际任务，从而让创造性的解决方法变成现实。而愿景的实现正是从这些组成了合作团队的人中间得来的。

我的神经语义学合作项目意味着要开始会谈并进入领导团队的决策制定过程，并决定我们机构如何在不同国家，在当地领导团队的支持和促进下，以自我管理职能运行。2007 年，我们在一系列的工作坊、研讨会和发布会上开始了一个新的创举——“新人类潜能运动”。2009 年，我们介绍了一整套的“神经语义学的专业发展”，这对于培训师来说会是一个新的销售培训的方法。2010 年，我们决定要举办一个两年一次的会议，2011 年第一次会议在科罗拉多举办，2013 年在马来西亚的吉隆坡举办。

7. 发现并解决项目中遇到的问题或障碍

开始实施一个需求或期望的解决方法时，其具体执行阶段也面临着一系列的需要解决的问题。每个阻碍或阻挡了合作成功的事，都需要额外的解决方案、资源、精力、资金和时间去应对。但是对于要完成的合作来说，这只是实现过程中一个不可避免的阶段而已。正是在调整创造性解决方法以适应当前现实的阶段，才会产生独创性。

让我焦虑的是，我发现如果我们想要实现道德和专业标准的愿景，我们必须去实现另一个解决方案。因此我创立了“分歧解决程序”。这是一个协议，每个有执照的培训师或者大成教练都必须签字以获得许可。在这个协议中，我们要承诺完成规划好的程序，在这个过程中，我们会遇到并处理那些可能会分裂我们的矛盾。现在，这一点成了认证过程的一部分，这也是一个信息点：关于它对于一个国际神经语义学的认证培训师或者教练意味着什么。因为如果他们被发现有欺骗行为的话，他们在工作中也不会遵照这个承诺，因此我们就创立了这个方法去强调这一点，并起到警示作用。

我们在神经语义学中发现并解决的其他问题，起源于我们对不断发展的目标。我们不断更新培训手册，定期重新检查我们的工作和决定。我个人的承诺是每年更新手册，因此我们的工作还包括确定版本（例如：第 8 版、第 9 版、第 10 版）。当把文本翻译成西班牙语、葡萄牙语、法语等的时候，这给每个人制造了额外的麻烦。然而如果我们不能把它固化下来从而亘古不变的话，这些麻烦是必然的。

8. 达成目标

通过运作及执行现有发展过程，应该可以实现合作最初的目标。得到相应的成果，显示着合作的成就。

例如，两年多以来，我们有 40 个高级教练努力开发个人领导力学校项目。这个项目在 2012 年 12 月完成上线。这个项目是一套 40 节的课程指导，专为学龄孩子们设计，每周 1 个课时。因此，在每个年级（从 1 年级到 12 年级），孩子们都围绕着自我领导的主题来学习 NLP 模式及高级状态。在每周 1 次的课上，在他们相应的年级水平中，他们学习控制自己的思想、情绪和反应的模式。这个项目一旦完成，就有超过 2000 名培训师及教练供任何一个学校选择。

9. 庆祝合作成功

如果合作的时间有限，或者是一个一次性的活动（例如解决一个问题或者实现一个期望的结果），那么在结束的时候合作也就终止了。在这种情况下，一个很自然的过程就是庆祝你们的成功，并为合作伙伴关系画上句号。如果这个合作需要一个持续不断的执行过程，那么可以选择一个里程碑式的节点来进行庆祝。

这里，我再次意识到我作为领导者的一个缺点。我个人对于“庆祝”的心理程式就是：实现成果本身就是一种庆祝了。除了关注并感激得到的成果以外，我几乎不需要任何其他的庆祝。然而，多年以来，我已经从足够的反馈中意识到，对大多数人来说这远远不够。我之所以知道这点是因为有许多人提到过，因此我才一直能够有所察觉。

我们在基于能力的训练中加入了一个独创性的每日庆活动——早晨庆祝活动。在一些长期（8~15 天）的培训中，我们创设了一个欢庆板，人们可以在上面贴报事贴，展示自己的学习成果、新的发现、突破等等。每天早晨，我们会让助理团队中擅长主持庆祝活动的工作人员朗读这些成就。在培训结束的时候，我们会有一个正式的庆典，通常两个小时，并且在庆典之后的酒会上提供酒和小食。

10. 确认圆满结束

你如何确认合作的结束？你会花时间去做些什么或者说些什么话来致敬这段开拓经历，并给这段经历画上圆满的句号吗？对于一个时间有限的合作来说，结束应该和开始一样重要且有意义。回顾这个过程，意识到哪些做得好以及从失败中吸取教训——是整个经历非常重要的一部分，从而这段合作会成为一段美好的回忆，并成为未来合作的资源。

2010 年，我邀请雪莉•罗斯•沙尔韦（Shelle Rose Charvet）和我一起合作编写 NLP 领域内第一本书籍《NLP 的创新》（*Innovations in NLP*）。我们开始四处寻求 NLP 领域新的方式、模型和产品。在 6 个月的时间里，我们和 24 个提供想法的人合作，完成了有关这些新模型、方式和应用的 17 个章节的内容。之后，在 2011 年 11 月伦敦的 NLP 大会上，我们举办了一个新书发布会，有 12 位作者出现在现场，向大家展示项目的成就。我们在发布会上做了演讲、签名售书，并举杯共庆新书的发布。

成为合作型领导者，下一步你要做什么

合作是有一定框架结构的。管理人们一起去解决问题或创造一个有吸引力的崭新的未来，是需要一些特定步骤和阶段的。因此，在任何一个合作中，你应该清楚那些组成了整个合作项目的步骤，以及你处于过程的哪个阶段。

如果你已经在和他人就一个项目进行合作了，那么你现在到哪一步了？你在哪个合作阶段最擅长或最有竞争力？最不擅长的呢？在寻找有助于这段合作伙伴关系的人选时，你需要什么样的才能和技巧？

第 2 步　发出邀请：建立合作关系

人类处在难以挣脱的相依相存之网中，共同的命运将我们牢牢捆绑在一起。无论有什么直接发生在某一个体身上，都会间接影响到人类整体。

——马丁•路德•金

我们之中没有人能像我们作为一个整体一样好。

——佚名

合作更像是一种热恋关系，而不仅仅是同居关系。如果没有热情，就没有真正的合作。

当谈到合作的实际过程的时候，如果我们想要创造出一种健康稳固的合作关系，那就需要一定的技能。高质量的合作不是说有就有的，它们需要精心设计和策划。有一些核心能力使得合作成为可能。那么这些核心能力有哪些？现在，我们要着重关注一下其中的 5 个能力：

1. 有能力号召合作，借此以邀请他人加入。

2. 有勇气能够不怕困难，并发出合作的邀请。

3. 有能力去选择是否合作。

4. 有能力创造一种团队文化，去支持合作型伙伴关系和社区的建立。

5. 有能力去联结和融合合作团队中个体差异，从而产生协同作用。

这些将是本章和之后三章的主题，将详细阐述创造合作所需要的必备技能。让我们从有能力号召合作开始，因为这也是整个合作的起点。

无处不在的合作

如果有任何一个人以合作为生的话，那个人一定是保罗·埃尔德什（Paul Erdős）。埃尔德什博士是一个有着惊人天赋和高产能力的数学家。查尔斯·克劳默（Charles Krauthammer）这样描绘他：

埃尔德什的整个人生都是如此不可思议，连小说家也想象不出来他这样的人物。正如保罗·霍夫曼在《亚特兰大月刊》中记录的，埃尔德什没有家、没有家人、没有财产，也没有固定地址。他从一个数学会议到另一个数学会议，从一个大学到另一个大学，拜访世界各地的数学家，并且声称“我的大脑敞开着”，然后自己搬了进去。他的同事由于感激能够和他一起有几天的合作机会，并被他的数学广度和深度所震撼，于是请他暂住在自己家里。[1]

保罗·埃尔德什（Paul Erdos）出门只带两个行李箱，装着他所有的东西——他的衣服和论文。在他晚年的时候，他已经和上百个科学家和数学家合作过，完成了1500多篇数学论文：“这个领域中一生能够留下50篇论文已经被认为是非常出色的了。”（Krauthammer，1996）

埃尔德什并不像很多天才那样，行为古怪以至于非常孤僻，完全沉浸在自己的世界里，例如鲍比·费舍尔（Bobby Fischer）和霍华德·修斯（Howard Hughes）。克劳默这样说埃尔德什：

---

1. Krauthammer, Charles (2013). Things That Matter : Three Decades of Passions, Pastimes, and Politics. New York : Crown Forum.

绅士、虚怀若谷，对待他人非常慷慨。他信奉要使数学社会化。确实，他也是历史上最多产的合作型数学家。上百个跟他合作发表过文章或者向他请教过的人，都能够追溯到和埃尔德什一起畅想的夜晚，得到的突破和洞见。这种社交性是他区别于其他数学天才的地方。

埃尔德什所显示的合作型领导力的关键在于他开放的态度。他说："我的大脑敞开着。"这使他保持终身学习，从而不同于其他昙花一现的数学家。在 83 岁高龄的时候，他依然保持学习习惯并进行原创工作。通过开放的社会态度，他使自己一直保持随时合作的状态。他发出一个合作的号召，仅仅是通过出现在他人家门前，按下门铃，说："我想要跟你合作，我有一个想法……那么我们什么时候开始呢？"

邀请他人参与合作的核心能力

合作通常始于一个灵感。一个人或者小组有了一个想法之后，以此为出发点召集其他人加入他们形成合作，然后把这个有启发性的愿景变成现实。大多数合作都是以这种方式开始的。

合作可以由个人或者小组（一个领导小组）来主导。领导者邀请或者召集人们（小组）成为合作的一员。他们以邀请为开端，展开合作。看到了可能性之后，领导者就提出相应的要求。当然，如果没有人能看到可能性或者提出要求的话，合作就不会发生。

初始阶段需要去做的就是邀请他人加入合作。还有比这更简单又显而易见的吗？但是别让这种简单和显而易见欺骗了你。邀请合作需要很多组成领导力核心的关键性因素：愿景、勇气、风险承担、信任、信念和走出困境。

你也许会去邀请别人共同加入一个合作团队或者加入你自己的合作团队，这类合作团队关系有两种类型。第一种是工具性合作关系。它时间有限，临时安排一些人集合起来，为了一个目标而合作——这个目标会在某一时间点结束。由于这类合作需要一个退出策略，因此最好是从一开始就计划好它的结局。第二种是愿景性合作关系。它需要有一些超越了你自己甚至是你的生命的东西能够留存下来。这种类型的合作不会结束，而是会随着时间的推移而不断变化。它需要对领导者进行一定的培养，这样其他人才能够继续开发这个共同的产品或者服务。

在我和雪莉•罗斯•沙尔韦一起完成了《NLP 的创新》之后，有很多人问了我们各种问题，主要是关于我们的合作以及我们和 NLP 领域的其他领导者一起创造的合作。人们想要知道：它是如何开始的？是谁第一个想到要一起合作这个项目的主意的？你们最初是如何走到一起的？合作想法产生的最初推动力是什么？

我们注意到，通常会有一个关键人物出来成为那个“邀请者”。这个人看到了需求或者愿景，并对他人发出最初的邀请。随着时间的推移，有两三个人会同时意识到一个共同的需求，并开始同时行动。我和雪莉•罗斯•沙尔韦第一次合作的时候也是这样，并最终创作出了《NLP 的创新》。我最开始发动了这个项目，因为我感受到了 NLP 领域合作的需要，而且我之前曾写过一篇某本书的评论文章，那本书并没有创造出一个“每个人都被接纳的世界”。

在读了我的书评之后，雪莉联系到我，虽然她也发现了相同的需求，但她觉得我的方法更加被动，不够主动。她说那篇文章总的来说“只是评论，没有解决问题”。在我听了她的意见之后，我赞同她的看法，她是对的。之后她开始对我提出疑问：“你为什么不去做些什么呢？”我想这是一个非常好的主意，即使我当时都还不知道可以做些什么。但是我想要去探索有哪些可行的方法，如果有可能的话就去实施。在被她质疑之后，我将皮球抛回给了她：“如果你能帮助我，我们一起合作去实现的话，我愿意有所行动。”之后，在伦敦的新书发布会上，她提到她对于我的反问，内心的想法是“哦，糟了”！这就是我们合作的开端。

邀请的力量

在我们3个人（迈克尔、伊恩和雪莉）研究并制作了合作模型之前，我们没有一个人充分意识到邀请中所蕴含的力量。但是在每一个成功的合作当中，都有一个邀请。有时候，某个人会邀请一个或多个人参与进来去解决一种需求。当他以一种简单的态度说："你对于这个想法的意见是……"的时候，其中蕴含的力量是微妙的，有时非常不易捉摸。邀请中所蕴含的力量即它让人们开始思考一起就某事进行合作，这些是他们之前从未想过的。如果没有邀请，想要去做某事的泛泛的冲动通常就会消失不见，没有任何结果。

合作邀请是一种信念的表现，因为它起始于相信：对于一种需求或者愿景，我们可以有所行动，可以一起完成比单个人要更多、更好的事情，以及可以信任和依赖他人去实现一个愿景。与此同时，邀请也是一种勇气的表现，必须有一个人来做出邀请。尽管我们没有具体数据，但经验告诉我们，许多甚至是大多数情况下，邀请并没有被付诸行动，因其不被相信、不被信任，或者是完全被批评或否决了。这些邀请通常受到蔑视，人们觉得它不切实际、太花时间，以及没有足够的资源。

也许这就是为什么许多情况下，这个邀请并没有实际发出或宣告出来："我邀请你一起合作一个非常棒的项目，也许将来会改变世界！"相反，它变成了一种暗示，不明确的建议以及心血来潮时的一句简单的话。它甚至会是你们举杯时说出的一句玩笑话。"如果我们联合起来大干一场，难道不会做出一番成就吗？""我有个疯狂的主意，要不我们找来乔和布兰达一起帮帮我们？""有一天我在想，如果一个公司把微软和苹果综合在一起会是什么样子……"

最低限度是必须有人来发起一个邀请去一起合作。马尔科姆•格拉德威尔（Malcolm Gladwell）在他的畅销书《引爆点》（*The Tipping Point*, 2000）中把专家、中介和销售员定义为社会基层变革运动中的3个关键性角色。在3个角色中间，是中介通过发出合作邀请，第一次把人们联结到一起。

提出邀请的勇气

如果你有了一个想法，是什么能够让你去召集别人一起加入合作？当然这需要热情和激情，但是它也需要很大的勇气。毕竟，你有可能会被嘲笑、讥讽、拒绝、不被接受，甚至可能比这些更糟。如果你有了一个想法、目标或者愿景，它太过远大，以至于单个人无法实现，那么你下一步要做的就是搞清楚有谁已经有了相同的想法或者愿景。有时候，这就像是要“将种子撒向水面”，看看它会漂到哪里，以及会有什么回应[1]。当你实在不知道还有谁跟你有一样的想法或者有谁会跟你有一样的热情时，你可以选择这么做。

我发现号召合作是生活在这个世界中一个很简单而又自然的方式。在我开始和伊恩一起为这本书做研究之后，我意识到多年以来，我一直都在广大的人群中为大量的合作机会而播撒想法和可能性的种子。当我在科罗拉多一个小镇上开始做私人心理治疗时，我就是这么做的，把它当成比我自身还要重大的一件事，保持接受挑战并处于心理治疗最前沿位置的状态。我不但加入了一些心理治疗师的组织，在这些小组中扮演的重要角色，而且我还邀请其他人加入，一起做我读到的心理学实验（例如：让我们在治疗室中设立一个隐藏的镜子，彼此观察给对方一个提升的反馈意见），我也会毛遂自荐加入他们的项目中。有些时候，这些建议都被好意接受了；还有些时候，他们看我就像看外星生物一样！

然而在有些情况下，号召合作更需要策略。也就是说，要研究看看还有谁在讨论相同的需求或愿景，拜访一些可能有所了解的人，调查一下哪些是已经被人们所熟知的，并找找有谁已经在这个方面开始工作了。通常，你会发现一个领导者或者小组已经建立起来了，那么这种情况下，邀请也许就意味着你要发出加入对方的请求。

1. 这个短语来自于《传道书》第11章第1节：“将你的粮食撒向水面，因为日久必有所得。”——原文注

对你发出的合作号召进行选择

如果说号召合作是一项核心能力，而有勇气真正去做是另一项能力的话，那么第 3 个技能就是选择合作。毕竟，要做的选择和决定有很多：

· 我想要就哪方面事情进行合作？

· 我在乎或觉得有热情去同他人一起合作的事情是什么？

· 是我开始或发起的合作号召吗？还是我找到了其他已经开始的人，而选择勇敢加入他们？

· 当我（或者我们）有了一个想法的时候，我们什么时候开始了合作？我们是如何开始合作的？

· 这是一个短期临时的合作，还是一个长期合作？

· 我们预估这个合作什么时候结束？

· 对于合作我是否准备好了？我个人是否在精神上和情绪上准备好了要进入一段合作关系？

· 为了能够像开始时一样得体地结束这段合作，我（或我们）是否设想过退出机制或者终止选择？

· 我（或我们）是否有相应的沟通技能去理清我们的合作目标和方法？或者我们是否要先就这一点进行合作？

之后，在号召当中，还有很多你需要去做选择的事情——关于事件、地点、时间、人物，也许还有方式。还有关于价值观、条件、标准、风格和亲密关系的选择。

主导合作进程

在合作开始阶段，有几个领导角色是一个合作型领导者需要去扮演的，包括邀请者、愿景家和计划者。他 / 她通过认清机会、展望愿景，之后去邀请、要求并在幕后激励大家，来做到这些。愿景应该要能够启发、振奋和团结人们，并且让大家知道要做什么、为什么这么做以及如何去做。

作为一个合作型领导者，一个必备的技能就是意识到他人杰出的方面。本尼斯（Bennis）描述了当领导一个合作团队时，什么是强有力的领导者：

> 有能力去意识到他人身上的杰出性，他们的工作也许就可以定义伟大的团队领导者的才能……这样的领导者就像是好的指挥家。他们也许自己不能演奏莫扎特的第一小提琴协奏曲，但是他们对于这个曲子有深刻的理解，并能够创造出合适的氛围去实现它。[1]

看到他人身上杰出的地方，很显然需要有能够找到它的能力。我们错过了那么多东西，是因为我们根本没有在注意看。所以，有意愿去寻找（甚至猎寻）才能和技能并设想其天资是至关重要的。更罕见的能力是，在这些才能刚刚展露的时候就看到它们——在它们发展成熟之前。对于这一点，你必须充分信任他人的潜力。

合作质量

当邀请合作并预估之后的合作道路的时候，我们发现在一个有效率的合作中，有 4 个重要的作用因素：

1. 在乎：比单个个体的你要更加宏大的事情，对其保持热情。

2. 信任：对于他人的技能、知识和能力的尊重。

---

1. Bennis, Warren (1997) . Organizing Genius : The Secrets of Creative Collaboration. New York : Basic Books.

3. 工作：一个工作任务的愿景极其重要，需要很多人对此努力。

4. 愉悦：做一件非常重要的事情的乐趣。

下面这个示意图中，这几个不同的心理合情绪状态之间是如何相互联系——在乎（热情）、信任（尊重）、工作（任务 / 努力）和愉悦（快乐）——集合起来成为一个新型的品质。它用一个星号（*）来表示——代表它所出现的独特性。正是这种独特性造就了与其他因素相比远远超越且与众不同的点。

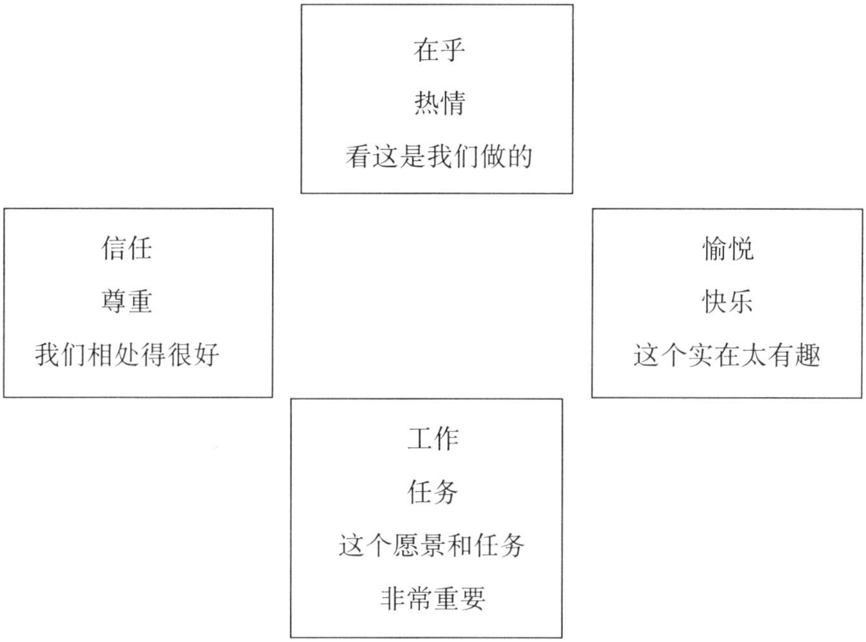

合作的维度

在第一个区域内，我们有在乎 + 信任 + 工作，但是没有愉悦。这部分指不快乐的合作。

在第二个区域内，我们有愉悦 + 在乎 + 工作，但是没有信任或者尊重。这部分指没有相互尊重的合作。

在第三个区域内，我们有工作 + 信任 + 愉悦，但是没有热情或者真诚的关心。这部分指没有热情的合作。

在第四个重叠的区域（*）内，我们有在乎 + 愉悦 + 工作 + 信任。这是最理想的合作。

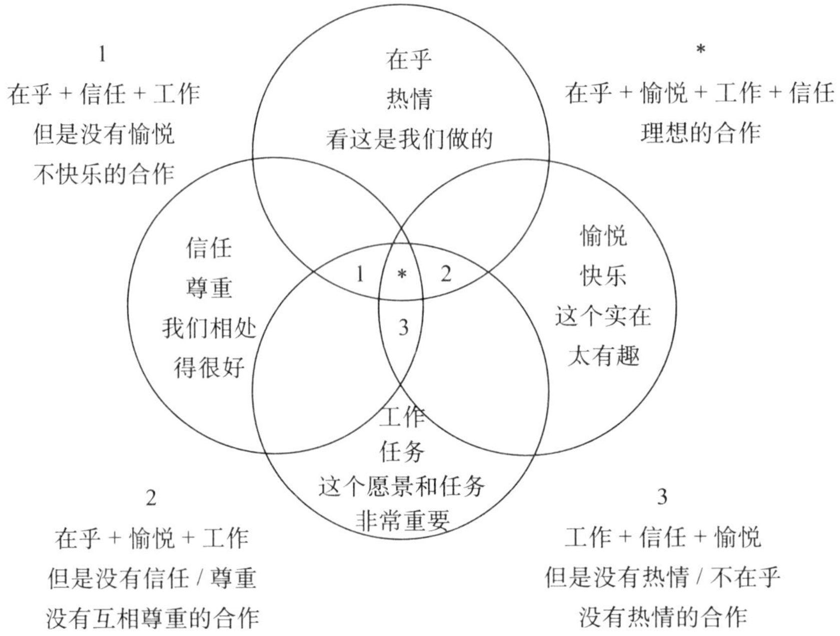

第 3 步　权衡利弊：决定合作的起始

必须要做的事是那些我们以为自己办不到的事。

——埃莉诺·罗斯福

这些领导者们通常把自己视作合作者，而不是独行侠。领导者和追随者同舞一曲。

——沃伦·本尼斯

你会合作还是不会合作？如果你和其他人想到了一个想法或者项目，并且你们也充分讨论了各种可能性，最终到了决定的时刻：你会还是不会做出合作的决定？如果你决定要选择“会”，那么这就是合作开始的时刻。毕竟，合作不是偶然发生的——它们是选择的结果。头脑中有一个目标的人，他们会去谈论这个目标，到达一定程度之后他们会说：“好的，那让我们开始吧！”之后他们就做出承诺开始合作。

每个合作都有一个终止点。就像是开始的时候，你们聚集到一起、全身心投入到合作一个激动人心的项目的那一天一样，对于大多数合作来说，当项目接近尾声的时候，终止的那一天就会到来。同样的，到了那时我们会做出选择，是时候去认可、赞赏并庆祝这个合作的结束了。

尽管就合作初期要求还涉及很多细微的决定，但在第六章的结尾的时候，我们还是主要解释了一下合作当中一些关键的选择。现在，我们回到最初的决定上。这是有关真的选择合作并下定决心去做好它的一个重大的决定。

你能给合作带来什么

想象一个用木头做的电池。听起来非常荒谬，对吧？但是，助理教授胡良斌和他的同事就在研究这件事。[1] 这种电池发明于马里兰大学的能源研究中心，现在还处于模型阶段。但是胡博士的团队仍在不断调整电池设计，直到使其能够实现商业利益。

这个故事于 2014 年 7 月在一个全国性的电台节目 PRN 中播出。引起我注意的是想到这个主意的人。因为发表在《纳米快报》（*Nano Letters*）上的研究论文中的一个作者是个本科生。当我听到这个报道的时候，我在想一个那么年轻的本科生是如何做到让自己的名字跻身于一篇重大科学论文的合作作者之列的？这真是让人感到非常惊讶。

起初，工程学专业的尼古拉斯•维多克（Nicholas Weadock）在实验室中帮助胡博士的博士生学生去纠正他们的英文语法错误，他们许多人都来自于国外。但是胡博士发现，年轻的维多克经常就实验背后的科学原理，问一些非常有深度和见解的问题。他最初关注的重点在风能方面，但是他后来也开始对于能源储存技术感兴趣，并且想要向胡博士展示他能够给团队带来价值。

在这个令人惊讶的合作中，维多克给这个合作带来了什么呢？他给合作带来了充满着个人好奇的问题、崇尚学习以及合作的意愿。

---

1. 乔•帕尔卡（Joe Palca）在自己的文章《都充好电了：工程师发明出了木质电池》（2013）中提到了胡博士的这个项目，他解释说“木质”其实是“被制成小薄片的极细微的木质纤维。”薄片的表面覆盖着纳米碳管，装进小的金属盘中。这种木质电池其实用的是钠离子，而不是一般电池中的锂离子。——原文注

决策策略

你是如何做出决策的？你对于进入一段合作的决定是基于对利弊的权衡，你对于保持现状的决定也要基于其利害得失。你是如何去衡量的？你从价值观、标准和条件等方面去衡量决策的每个方面的利弊时，你会朝哪一方稍有倾斜？

在每个决策的过程中，不管是不是做这个决定，都有其特定的利弊点。在这些细节之上，是你用作判断条件的价值观。这些构成了你用来判断潜在的合作重要性的标准。

每个决定都需要去权衡利弊。如果合作没有许多优势可言，或者至少没有一个强有力的具有决定性的条件，那么你就不会去选择合作。但是这里也存在着一些弊端，因为每一个我们选定的合作，都意味着要拒绝其他选择。

当做出决定的时候，人们通常会去思考这件事的利益或者好处，并把它们和成本及坏处做比较。当我们这么做的时候，我们会说："一方面，它可以节省时间和金钱，它可以避免裁员及重蹈覆辙。但是在另一方面，学习曲线会陡然上升，初期时间投入量会很大。"一个更具建设性的方法是把利弊点分两栏写下来。[1]

	好处 +	坏处 −
如果我做这个决定		
情感价值的权重		
如果我不做这个决定		
情感价值的权重		

1. 下面的表格来自于本章及高级教练第 3 期培训手册。——原文注

这个方法最奇妙的地方在于可以让你的大脑有空间去想别的事情。它还能够让你在大脑中留存这样几个问题：

· 还有别的吗？还有其他什么好处？

· 还有其他什么坏处吗？

· 我想用怎样的标准来衡量我的决定？

· 在对任何一个合作做出选择的时候，什么对于我来说是最重要的？

当你填完表格的时候，你可以对于每个条目的重要性从 0~10 做出判断。给每个条目打分之后，你可以在最后把每栏的分数加起来，看看好处和坏处的相对比重如何。如果得分相当，意味着两边的比重大致持平（通常这就解释了犹豫不决的原因）。

下一步，进一步探索你在做出判断时有意识或无意识使用的条件：

· 你在给分的时候，用了什么标准、价值观或者规则？

· 什么对你来说是重要的？你看重哪些事情？

· 这些标准对你来说是合乎生活环境的吗？

· 你不看重的是什么？

· 当你纵观你的条件标准时，你的目标是什么？

· 你想要什么样的目的和结果？

· 你想要的目的和结果能够很好地帮助到你吗？它们能够使你展现出自己最好的一面吗？

对于那些你列出、校准并权衡过的条目，一旦确定了你的决策策略，你就可以开始探究你的决策风格了。[1]

· 在你准备好做出选择之前，你需要多少次对决定进行反复考虑？你是进行一次思考之后就做出选择，还是思索再三？还是反复 7 次？还是犹豫不决？

· 你需要对决定以某种格式进行编码吗？你需要把选项写出来、对自己

---

1. 这些考虑因素涉及 NLP 中的“高级项目”。有关更多高级项目的内容，参见霍尔和博登哈默的论述（2005）。——原文注

说出来或者用手指数出来吗（也就是说借助视觉、听觉或动觉）？

·有人能够帮助你做出清晰的选择吗？你对自我的认知是否是一个果断的人？你需要转换自己的自我印象以变得更加果断吗？

·当你做决定的时候，你会坚持自己的想法吗？你的选择是确定、坚决的吗？还是说它会慢慢模糊，你需要再去重新选择一遍？

领导决策

当你领导人们走向某一决定的时候，你要向他们展示合作的愿景，之后合作的价值自会吸引人们跟随你。人们会想要注册，成为团队的一员。在这个过程中，重点之一就是不要进行得太快。做决定不能是情绪激动使然。仅仅是对某事觉得兴奋有热情，其本身并不是做出明智决定的恰当方法。

为了坚定地投身于合作，作为一个合作型领导者，你需要让人们去权衡利弊，考虑项目实际的成本。当你确定了人们做出了坚定而明智的决定的时候——符合他们价值观和生活环境的决定——你之后就可以选择录用那些能够实现自己的选择，成为合作中活跃的一员的人。

注意：这会是一个漫长、耗费时间的过程。因为人们需要去讨论那些重大的决定，并感受到有人倾听他们，所以作为一个领导者的角色，这个过程你需要大量的耐心和涵养。然而这个过程也依赖于如何赢得别人内心的能力。更重要的是，我们每个人都需要耗费一定的时间去尝试一个想法，并有足够长的时间去接受它，以让自己逐渐适应。

它之所以花费时间，还有一个原因就是领导决策需要我们从尽可能多的相关合作人员那里收集信息。我们不可能收集到所有必要的事实和数据，但是我们需要尽可能地收集相对准确的信息。

选择加入一个合作的过程，并不随着合作开始的决定而终结。在那之后，整个过程中还有许多决定作为初始决定的补充并使其延续下去。这是因为，当你选择去进行合作的时候，你是在选择为自己负责，对他人负责，共同被领导。你选择同你的合作者一起分享知识和信息，彼此透明。

选择去结束一个合作

每个合作都有结束的时候。就像你们聚集到一起，齐心协力要合作一个令人激动的项目的时候一样，项目结束的这一天也会到来。那么之后呢？我们要如何有效地结束一个对我们的生活带来极大改变的合作呢？

我们合作是有目的的：为了完成一个独自一人无法完成的事情。那么很自然，当我们实现了合作成果之后，合作就结束了。如果在一开始就对于结束有一个想法，你就会在计划中设置一个退出策略，来界定什么时候以何种方式来结束合作。确保你对于你们一起实现的成功抱有认可的、尊重的态度。你如何做到这点？你会在最后计划一个庆典活动，来肯定所有担任过重要角色的人的价值吗？你会办一个派对吗？

成为合作型领导者，下一步你要做什么

当你有机会合作的时候，你如何确定加入一个项目的决定或者领导一个合作的决定是适合你的？思考某个共同的愿景的时候，你会用什么样的条件标准去衡量，以判断它是不是适合你呢？现在想清楚这些问题，有助于你面对机会的时候能够准备充分。

- 它会和你的人生愿景和任务相类似吗？
- 你的人生愿景和任务是什么？
- 它符合你的生活方式吗？
- 你如何描述自己的生活方式？
- 你有时间、精力和技能去完成它吗？

第 4 步　打造文化：使合作广受欢迎

为促成合作，每个人都能做到的最重要的事情就是要值得被信任以及信任别人……最成功的领导者总是那些懂得合作的人，他们知道自己没办法完成所有的事，这意味着他们需要与他人进行有效合作。

——伊恩 • 麦克德莫特（Ian McDermott）

合作行为……要求一种新的领导力形式去改变领导力以前的概念。

——戴维 • 克里斯利普（David Chrislip）

在一个组织内部，支持合作的形成需要非常特殊的公司文化。在许多企业中，合作不但无法奏效，甚至无法形成。有许多公司的内部文化陷于反合作化，即使有合作也会很快被否决或者否认。为什么呢？因为在现今的文化中有些东西阻挡在中间。有一系列的事情阻碍着合作的产生，例如竞争、资源稀缺、猜忌、帮派政治或者等级制度。有一种说法："我们这里不是这么办事的，所以，不，我不想这么做！"

因此，如果存在这样的文化氛围（在企业、家庭、民族等等）合作在其中得不到支持，那么实行合作需要什么样的环境呢？什么样的文化会鼓励合作的产生和发展呢？如果你是一个合作型领导者，你知道如何促进一种氛围，使得合作得到公开的欢迎吗？

合作的文化环境

为了促进合作，你需要去培养一种特殊的文化环境，既能够激励又能够帮助别人。这种文化应该要强调 7 个重要的因素：资源充足、双赢思维、企业家精神、信任、愿景、接纳性和责任感。

1. 资源充足

当有双赢的态度时，合作自然会顺利进行。支持这种想法的一个关键信念就是，每个人都可以从中获益（我们把这个叫作“资源充足思维”），并以这种思维模式去工作。它能够把传统的零和游戏思维转换成一种协作成功思维。这就是说，自己获利并不意味着他人有所损失——事实上可以同时获利。相反的，资源稀缺思维会假设蛋糕只有那么大，每个人从中切掉一块都会减少其他人能够得到的蛋糕大小。尽管这种想法在某些明确的情况下是成立的，但应用于无形的资源时它是完全荒谬的。

对于无形资源的应用可以创造出更多这样的资源。比如说，你学习得越多，你能够学到的就越多。知识和信息资源并不会因为你把它们传递给其他人而减少。你的知识不会被剥夺而变得更少——实际上会变得更多。此外，运用知识的过程意味着你会学到更多，从而增加你的知识的质量和数量。这就意味着，通过给出你所知道的，你可以增加自己的知识的容量。这同样也适用于爱和热情、领导和管理、尊重和好奇。

当我们以资源充足思维框架来思考的时候，我们会看到利用无形资源或者贡献无形的经验，可以创造出更多资源——它可以创造出新的强有力的认识。它可以产生对世界本质的本源性的乐观态度，对美好未来的信念以及承诺创造出更有希望的未来。其前提就是我们生活在（或者可以生活在）一个资源充足的世界——有充足的想法、创造力、可能性、尊重、爱、学习、成长等等。这样的经历越多，创造这种经历的能力也就越强。资源充足就是一种“越来越”的模式。

资源充足的前提来自于亚伯拉罕•马斯洛（Abraham Maslow）对于人性心理学的研究，出现在被他称作“B 需求”（存在需求）的概念中。相反的，资源稀缺的想法——会导致竞争、自大、高人一等作风、胜负欲强、无法认识到他人的贡献、无法培养成为领导者、画地为牢以及许多其他破坏力——来自于“D 需求”（需求匮乏）领域。

2. 双赢思维

每个人都可以获利的合作理念萌生于资源充足的思维模式中。这种思维模式保证每个人的利益，并愿意花费任何代价确保每个人都能获益。同样的，如果我们不相信每个人都可以获益，如果我们不能保证这么做，如果我们不为此去安排相应事务，那么它就不会发生。

双赢思维的对立面是赢输思维。这种论证让人们相互对立，导致竞争而不是合作行为。双赢思维意味着我们在合作中的目的不是为了争第一或者打败他人，而是想要和他人一起获胜，成为获胜队伍的一员。

质量控制专家爱德华兹•戴明（W. Edwards Deming）在自己对质量控制使用突破性的方法时，就是这么做的。他没有在产品创造出来之后再去进行质量控制，而是把重点放在了生产过程上，让员工可以合作起来，在过程中就生产出合格的产品。他建议工人们组成团队自我监控产品质量，这在现在看起来是一个常识，但在当时却是一个创新的想法。这种必要的合作框架颠覆了日本企业，之后是美国，后来扩散到全世界。工人们可以对合作设计及生产过程中控制质量的做法负责，这种想法最初是极端甚至是激进的，后来成为一种良好的商业意识。

3. 企业家精神

在具备企业家本质的文化中，合作能够产生、发展并获得成功。在这种环境中，成为企业家、像企业家一样思考以及像企业家一样做事得到鼓励、承认和奖励。这意味着要去承担起个人的责任，考虑整个企业的成功。没有这种态度，人们就不会去合作，而是会去竞争。

就像企业家精神一样，合作需要试验、冒险、尝试新事物，在没有保障的情况下跨出舒适区，以非传统的方式突破思维定式。当一个团队以这种方式运行的话，就需要队员的相互支持。这种方式的反面是官僚思维，以安全保障为指向，注重掌控局势而不是支持考虑周全的冒险行为。

企业家精神的核心是假定个人承担自己的责任。企业家积极主动、反应敏捷、发起倡导、重视责任心的原因在于，他能够意识到并拥有对事件做出反应的能力。当合作者们以这种思维方式聚集到一起，并把这种方式加入到彼此的互动当中的时候，他们就共同创造出了一种切实负责的责任感。这能给他们的合作带来动力，使之具有可行性。

企业家精神会预先假定创造力中所固有的变量，这包括接纳模糊不清和费解混乱的能力，愿意尝试新事物（测试和试验），对于标新立异的方式保持开放的心态。在合作当中，所有这些都会让这段经历在智力上起到高度的促进作用。之后，这个团队自己就变得有创造性，并能够很容易就产生新的想法。

4. 信任

为了能够在一个机构中产生并发展双赢思维和企业家精神，那么就必须存在信任——大量的信任。就从假定别人是值得信任并能够相信别人开始吧，把这当成你一个独特的办事风格。只有到那时，信任在同事关系之间才具有实操性；只有到那时，高质量的合作才会出现。没有信任作基础，合作会由于个人的退缩而被扼杀。他们会带着怀疑和忧虑来看待合作的提议。更糟糕的是，他们会用不信任的眼光看待那份邀请。当人们互相提防，并对沟通和合作的过程有所怀疑的时候，合作是没有机会发展壮大的。

在《信任的速度》（*The Speed of Trust*）一书中，史蒂芬•柯维（Stephen Covey）把信任描述为合作的“基石”：

> 《福布斯》强调2006年“合作的机遇”的主要趋势，它指出合作的“基石”是信任。没有了信任，合作仅仅是配合，无法在有效工作年限中实现一个真正合作者的利益和人生可能性。[1]

在《用NLP来提升你的自信》（*Boost Your Confidence with NLP*）一书中有关信任和领导力的内容，伊恩曾写道：

> 那些最成功的领导者往往都是合作者。他们知道自己一个人没办法完成。这意味着他们需要与别人有效合作。一些你在工作中需要做的重大决定——自信地做出决定——都会以合作为基础。
>
> 最终，合作需要信任。你能够信任和你一起工作的人吗？这会在许多不同逻辑层面引出许多问题。你是否信任他们的诚实和正直（身份）、他们的判断（信念）、他们的技能水平（能力）以及在某些特殊情况下放心把事情托付给他们（行为和环境）吗？
>
> 20多年以前，我成立了一个组织，名叫国际教学研讨会。这个会议越办越好，现在已经成为世界上最成功的NLP和培训组织了。我确立了愿景，成

1. Covey, Stephen M. R. (2006). The Speed of Trust : The One Thing That Changes Everything. New York : Free Press.

为发起人。但是，它至今仍然发展得越来越好的原因就在于有一个团队在运营这个组织。那些我工作中的人，我同他们一起工作。他们有着惊人的合作精神，他们会彼此照看，也会互相——也和我——激烈地争吵……如果我回首这些年的创举的话，我会说我学到的非常重要的方面在于，不仅要多授权给他人做事，也要多信任他们。

自信的合作会带来更明智地工作。没有人是与世隔绝自己工作的；学会与他人合作是一项你可以应用到所有工作和工作环境的技能。

5. 启发性愿景

所有这些因素在一个既定的文化环境中能够运转起来的一个前提就是有启发性的愿景。如果没有一个统领性的愿景来激励、振奋、点亮和调动起人们的身心，合作就没有意义。在有这种愿景的地方，我们就为着这个愿景而合作。这个愿景拉近了我们的距离，让我们团结起来。我们合作的目的，是为了能够实现比我们独自工作所能获得的更好的结果。

当有更远大的目标时，当人们处于比自身更宏大的组织的一部分时，他们会想要一起合作。合作型领导者一个核心角色就是激励人们朝着更远大的愿景前进。

6. 接纳他人和新的想法

以开放的态度接纳他人，需要的是信任、双赢思维、承担风险以及更多。思维封闭刻板的人不能成为好的合作者。这是因为他们有所保留，他们不对外分享信息，他们有自己的秘密。这些都不可避免地会削弱合作。

为了能够有效地合作，你必须能够接纳他人和新的想法，也就是宽容、接纳另一个体。这就突出了合作之中存在的另一个恐惧因素：开放的态度意味着容易使自己被误解、伤害和利用。然而，当开放接纳性成为一个文化中沟通的主流的话，那么沟通本身就会变得更丰富、充分和充足。

接纳性意味着人们愿意接受有乐趣和好玩的事物。再次强调，这些是创造性、企业家精神和信任感的变量因素。当事情变得有趣和令人激动的时候，人们就会更加灵活以适应不断变化的环境。

接纳性也预示着真实性。只有当我们愿意把我们扮演的角色、我们的面具和伪装扔到一边——也就是当我们有勇气走出虚假，做真实的自我时，我们才能真正地对彼此坦诚相待。这不是件容易的事，不能一蹴而就。然而，当我们有了更多被信任以及值得信任的经验之后，我们开始信任彼此，并在人际互动之中更加真实。

7. 做出响应并承担责任

最终，一个合作型的文化氛围必须有很强的权力感。只有那时，人们才会感到有能力做出回应并开始承担自己的责任。当他们感到自己被赋予权力，并足够强大，能够承担自己所说所做的责任时，他们才会想要去承担责任。在一个文化氛围中没有这个因素的话，合作就会失去支柱和力量。当人们无法实现自己的诺言、承担自己的责任时，合作会被弱化，甚至无法持续下去。

要创造一种以责任感为特点的文化，我们需要高质量的，以主观感受为基础的反馈意见，既有来自员工的反馈，也有对员工的反馈。这是一种对于任何削弱合作的事情，都能够彼此对峙的能力。当我们有了这种能力，我们就建立了一个保持合作初心和及时更新的过程。

当人们感到要自己负责时，一旦事情出错，他们就能克制自己不去责怪他人。他们不会责怪别人或者外在其他因素；相反，他们会为自己的行为和反应承担责任。有问责的地方，也就有主人翁意识，一种鼓励人们保持缄默、不再揭露已有问题或潜在问题的消极环境就会产生。其结果就是，人们害怕恐惧错误和瑕疵，担心被别人问责。

责任感也必然会导致积极主动性。这也就意味着坚忍不拔。它会直接导致持续做一件事、解决各种困难的毅力。它意味着一种不达目的誓不罢休的固执。“永不放弃”的坚韧态度往往出现在拒绝让困境阻止你前进的脚步或者扼杀你的梦想的情况下。

如何创造合作文化

正如我们所看到的，要得到高效合作，我们首先需要合作型文化氛围。但是我们如何创造出合作型文化氛围呢？这都和训练有关。下面是一些创造有效的合作文化所需要的基本的因素。

1. 在机构和团队中与每个人构建对话

要明确对话是在机构（或团队）内部一起学习和沟通的方式。和同事讨论一下你们的合作，因为这会让你建立起一个持续的合作对话。之后你们就能一起合作讨论如何实现共同的目标。如果你用苏格拉底式的询问方式和问题，你们就能作为一个团队共同学习，共同创造出一个能够激励所有人的愿景。对话能够让你们建立起相互的理解，这是合作的基础。如果你想让人们有归属感，你必须让他们有机会表达自己；否则的话，他们会觉得这种合作没有自己的投入，而是强加到自己身上的。

2. 建立一种由内至外的文化

当你想要发展能够支持真正的合作文化时，要确保你从团队内部开始。作为一个合作型领导者，要采取主动措施，邀请他人进入你的合作团队。也许你会想要为展示或合作制定一些基本准则，能够让你建立起一种成功的合作文化。

当你创造团队由内至外的文化时，确保所有主要股东都在。谁是利益相关者？他们都参与了吗？你会如何接触那些潜在的股东，以确保他们的意见也在其中？你会如何以团队的名义进行决策？当你们无法达成共识的时候，你会如何进行决策？所有这些问题都很重要，否则的话，你设立起的团队架构将被少数股东所控制，因为只有他们的声音能够被表达出来，只有他们的要求会被人们考虑。

3. 整合合作原则

我们已经了解了一些合作的必要原则，例如以资源充足思维运作、共享、友好相处、注意个人方式等等（有关更多内容，参考附录 A 中的自测问卷）。请用这些原则去创造一个文明的环境，可以容纳差异和热点话题。当以双赢互动为基础创造一个社区的时候，协同效应尤其重要。所有这些原则都需要同人们的思考、表演、说话、行为和关系融合起来，这样你才能创造出一个相互配合的文化氛围，从而支持以共同的方式进行合作。

4. 规律并经常性地讨论愿景

养成持续不断地探讨你们的愿景的习惯至关重要。这会让愿景成为构建的核心，让每个人都把愿景记在心里，成为团队运作的原则。显而易见的是，你很容易陷入由你的注意力所主导的日常需求当中，并挤走你那些有启发性的目的。

成为合作型领导者，下一步你要做什么

为了让合作能够产生并发展壮大，我们要先从合适的背景和环境开始——也就是合适的文化氛围。文化仅仅是指我们如何培养自己的思想、情感、说话和行为，以在情绪上和心理上创造出我们生活的背景环境。如果我们不喜欢自己的思想和情绪的培育方式，那就由我们来发展新的方式。我们可以创造出一种新的合作文化。

如果你准备好了要培养一个新的文化环境，那么你要确保你已经有了本

章所阐述的 7 个资质。这有一些选项，你可以用来从 0~10 给自己打一个分数，以决定要成为一个更加高效的合作型领导者，下一步你想要做的是：

· 我相信资源充足以及充足资源的协调作用。

· 当和他人互动的时候，我经常以双赢思维进行思考。

· 我把自己当成是一个企业家，参与企业家的活动。

· 我值得信任，并且知道如何去信任别人。

· 我有一个具有鼓舞力量的愿景，并经常和他人谈论这个愿景。

· 我以对他人和新观点采取开放接纳的态度做事。

· 我对他人有所回应，并承担我现有生活条件下的责任。

第 5 步　化解矛盾：处理合作中的冲突

在你解决冲突问题以前，是无法提升合作的。

——L. 迈克尔•霍尔（L. Michael Hall）

终极合作归因于信任。你能信任那些一起工作的人吗?

——伊恩•麦克德莫特（Ian McDermott）

本书贯穿始终的一个主题就是合作始于差异，生于差异。合作之所以拥抱差异是因为要充分利用这些差异。这么说来怪不得我们想要以及需要多样性。只有那些有着不同观点、不同技能、不同行事方式、不同想法和建议的人组成的合作，一起为了一个相同的目的和共同的愿景而一起工作，这才是名副其实的合作。

没有了差异，每个人思考、谈论和做事都像是同一个人。但是合作的目的并不是为了创造克隆人。还有比这更无聊、更低效的吗？如果每个人都是一模一样的，那么只有一个人就够了，其他人都是多余的。

智慧产生于大家一起直面彼此的差异，而不去试图改变任何人。

——格列高里•贝特森

合作的本质是差异的协同作用。差异是合作保持活力的动力来源，是创新思维的源泉。因此，从定义来看，合作包括把不同价值观、技能和观点的人们集合到一起。这就是为什么合作不同于共识，以及为什么共识实际上是合作的敌人。毕竟，达成共识是让所有人达成一致、消除差异的过程。通常，这会造成人们在很重要的区别和价值观方面勉强妥协。

但是，在一大群人当中实现合作不是件容易的事。如果可以经常产生合作，那么事情就会更容易成功，合作就不会像现在我们经常看到的那样，遭到人们的恐惧和躲避。如果协同差异是件简单的事，那么世界上就不会有那么多冲突，不会有那么多对统治的抵抗，不会有那么多官僚作风，不会有那么多我们现在经常看到的残酷的竞争。

有效的合作会正视、挑战并改变人们对于其他事物的基本认知，其实现手段是通过意识到沟通是构建群体的力量。沟通提供了一种构建尊重、宽容、正义、责任感和热情的社会的途径。通过这种途径，我们可以形成真正的社区，人们在那里有归属感，尊重差异性（例如尊重、关心、关爱），有能力去触及并释放人类的潜能以实现我们最远大的目标。

作为一个合作型领导者，其挑战就是，当你领导一个合作的时候，如何做到拥抱差异？作为一个合作型领导者，你有多善于欢迎、利用并协同人们的差异？领导一个协同合作所需的必备技能包括接受和尊重差异性，采用合作语言、构建框架整合差异，以及有效处理冲突。

接纳差异——合作的核心

合作型领导力的核心竞争力就是接纳性。也就是说要尊重个体差异，使他们能够整合成为一个团队。这要求有看到表面差异背后的能力，接受并欣赏一种事实，即没有人是完美的，没有人的心像地图是完美的，没有行事风格是完美的。但这些还不够，领导者还需要意识到，合作型伙伴关系需要不同的心像地图和行事风格。合作中不同的人的心像地图能够给我们提供更加丰富的视角，能够让我们把在其他方面截然对立的东西集合到一起。

> 领导者真正的角色是要搞清楚如何让形形色色的人和因素结合并运转起来。
>
> ——沃伦·本尼斯

要欣然接受差异，首先要知道在大多数情况下，对于“真相”会有几种不同的版本。这能够让我们从不同视角来审视这个情况，这也是格列高里·贝特森（Gregory Bateson）所说的智慧的结构和本质。从不同视角来看待一个问题或者事件，能够增加整体结构的丰富性。

你觉得接受和拥抱差异性是简单还是困难？为了搞清楚这点，你可以使用下面的许可过程来进行衡量。

许可过程

如果有任何事情禁止你的某种行为或者把你的行为列为“禁忌”，这样的话你正经历着一种心理上的“不能”（例如“我不能相信别人”“我不能忍受差异”“我不能忍受批评或冲突”），那么下面的步骤也许可以帮助你从这种心理框架中走出来。这些类型的框架使得我们生活在一个严格限制的精神和情感空间中，无法让自己走进那块被限制或禁止的区域内。

1. 检查自己的内部许可

找一个安静的地方，走入自己内心深处，对自己说如下几句有关许可的话：“我允许自己去信任他人 / 易受伤害 / 与他人互相依存”（或者任何你需要的许可）。这展现出了限制或禁止行为的对立面，也就是正与你的行为相冲突的地方。

2. 反映性观察

注意你之后的行为，给它一点时间。重复这句话——总会有些改变的。这句话是否深植在你的内心？如果这些话深入了你的内心，那么你还需要把这些许可说多少次，才能使它们被完全接受、拥抱，成为你的一部分，成为你可以运作的心像地图？如果它们还不是，那么你是怎么知道的？你是否会想起任何画面？你是否说出或听到了任何反对这个许可的话？你身体中是否有任何感觉像是一种屏蔽或者异议？如果是这样，那么这个异议是什么？要多注意你自身的经历。

3. 处理异议

如果存在一个异议或多个异议的话，那么要确定并把它们清楚地表达出来。任何你感受到反对许可的异议，都是某种与你现在许可的新想法相反或相冲突的（例如信念、理解）。当你去定义并表达它们的时候，你是判定你仍应该选择相信它们，还是说它们是一种来自于你的生活早期经验、与现在并不相关的、老旧的信念框架？如果这些想法中有的依然存在价值，那么这个价值是什么？这个异议中哪些部分对你来说仍然是合理的？

4. 重新设计你的许可过程

从异议中提取那些还有相关价值的部分，然后设计一个新的许可过程，给出一个不一样的参考框架（例如新年框架、意义框架）。比如说：

在我有证据说明这个人值得信任且言而有信之后，我允许自己去信任他。

我允许自己去接纳差异，因为每个人都是从自己的心像地图出发去做事的。

我允许自己去迎接并思考差异，相信耐心、理解和对话能够让我们达成共识。

5. 重复这一许可过程，直到得到解决

不断回答异议问题，并设计新的许可框架，直到这一许可在你的内心生根发芽。必要的时候多次重复这一过程，直到许可已经被你烂熟于心，完全接纳。

采用合作语言

一旦你整合了自己接纳、拥抱并熟知差异的能力，下一步就要开始学习如何运用合作语言——特别是在差异方面。其中的挑战在于几乎每个人在差异性上都有一套独特的语言系统，特别是那些能够拆分人们的语言。

当我们彼此存在差异的时候，我们倾向于根据对错、好坏、智慧和愚蠢、我和你、我们和他们来进行思考和讨论。这种分离式思维和针对他人的消极态度会主宰我们的态度：

你怎么了，怎么会这么想？

任何有智商的人都不会这么说！

管理层永远不考虑我们的利益，他们只考虑他们自己的利益。

这些思维都很正常。当我们还是孩子的时候就学会了这么思考，因此这是我们人生发展过程中的一个很正常的方面。分离式思维是认知发展过程中一个不可避免的阶段。我们从这里开始，但有些人就停留在了这个思维阶段。

当你学习合作语言的时候，这里有一些有用的小提示：

· 用“我们”而不是“我”。

·用“好的，而且……”来替代“好的，但是……”。

·减少有辱骂或者个人针对性的语言，对于同事的行为更多地使用中性语言。

·通过询问探索性问题，来改变非此即彼的思维框架，看看你是否能够做到共致和谐。

·用解决导向型提问来代替问题导向型提问或者陈述。例如：不要问“怎么了（问题是什么）”，而应该问“我们如何解决面对的这个挑战？”

·从占位层次发展到高级层次。问问自己：“什么样的框架能够结合这些位置？这两个位置有什么共同点？”

另外一个我们需要在语言上做的转变就是从不匹配到匹配。当我们和他人的言语行为不匹配的时候，我们只会以“但是……”做开头，这很明显，但我们也会立刻开始谈论被忽视的地方或者解释哪里错了。对于很多人来说，这是一个感知滤镜，描绘了他们是怎么看待这个世界的。[1] 好消息是，这些不是固定的神经模式——它们可以被转变、置换和拓展。一个可行的方法是思考那些会转变我们观念的问题，并把我们的认知引向相反的方向——在这种情况下，就把认知从寻找差异转变为了寻找相似。

构建框架整合差异

为了充分做好合作准备，你也许需要做一些结构上的改变。这些改变集中在人们之间的关系、机构中如何产生互动以及冲突是否能够轻松被揭示出来并得到解决。为了处理这些问题，你可以选择用苏格拉底式的提问和对话方式，来帮助同事学习新的合作文化。

---

1. NLP 中的高级项目就是感知滤镜，类似于对立体的感知是乐观还是悲观的镜片。——原文注

在你的机构合作中，有哪些需要改变的事物会反映出一个结构性转换，能够支持对于差异的拥抱和收获？是合作还是竞争能够得到奖励？作为一个合作型领导者，你在共享信息方面是否会走在前面？你会以“需要知道”为基准来对信息有所保留？人们是否有机会在个人层面上去进行社交、彼此了解？还是说日程非常紧张，没有时间让人们去进行此类社交？团队是否能够接受不好的消息？还是人们在房间中小心翼翼，像是踮脚走在一个800磅的大猩猩旁？

前IBM的CEO郭士纳（Lou Gestner）和前GE的CEO杰克•韦尔奇（Jack Welch）开通了沟通渠道来对公司进行评价。他们两个人都想要听到公司中每个人所发现任何问题。例如：在创立GE的时候，韦尔奇把重点放在公司上，现在他设立了一个新的愿景和任务：把重点放在顾客身上。这两者都能有效减少精英理论，带动团队合作，奖励那些对同事有所帮助的人们。

开辟沟通渠道是一个机构合作的核心，因此所有那些所谓的“坏消息”都能够尽可能快地传到人们耳朵中，并得到妥善处理。对于大多数领导者来说，这需要提高自己的能力去倾听那些自己也许并不乐意听到的话，并认可说这些话的人的勇气。

有效处理冲突

在任何人试图想要一起工作的地方，冲突就难以避免，特别是当有人要求自己的个体独立性和差异性的时候。只要存在对于远景、策略和战术的不同理解，就会有关于这些方面的冲突，对于性格、职位、技能、决定、观点、价值观和生活方式等等，同样也是如此。所以问题不在于“我们如何消除冲突”，而应该是：“我们如何以一种能够展现出每个人最好的一面并有助于实现我们共同愿景的方式，来进行彼此之间的争论？”或者说：“我们如何既保留必要的差异对话，又集合在一起、彼此理解，达到双赢结果？”换句话说：“尽管有差异存在，我们如何去合作并在差异中前进？”

为了使合作能够成功，我们不仅需要建设性地处理争论，还必须学会如何建设性地参与到冲突当中。如果不这样的话，合作就会崩溃。很少有人能够在成长的过程中学会处理这些策略。好在它是可以后天学习的——如果我们有意愿去学的话。

当开始进行学习，我们需要把冲突和差异看作是合作过程的一部分。当我们这么做的时候，我们就不会试图去清除掉隐藏在冲突表面之下的不同意见，并把它视为不好的事情。它们不是不好的事情，它们只是两个或者几个不同的观点或不同的价值观，仅此而已。我们可以利用这种差异去为合作提供动力，创造出更加丰富的东西。

我们如何避免差异演变成为争论、争吵、埋怨、控诉、防备心、非此即彼的思维、狭隘的政治？以及当我们不能建设性地处理差异的时候，我们如何避免所有这些制造争端的事情发生？答案有两个方面。第一，我们需要学习并练习建设性冲突的技能。第二，我们需要设立有效的基本原则，以形成成功解决差异问题的方式。之后我们就可以在真正需要的时候——当我们进行对话的时候——练习我们已经高度成熟的技能。

发展建设性处理冲突的技能，需要接受强烈而恼人的情绪，以其本质——情绪——来看待它，而不是某人是“坏人”的信号。这个人只是给出了自己的情绪，而这往往是因为我们触碰到一些对他们来说别有意义的事。作为一个领导者，擅长建设性解决冲突包括缓和事态的技能——也就是帮助某个人（某些人）去释放他的强烈情绪。

你也许可以让他释放情绪，让自己紧绷的状态舒缓一下。或者你也许会首先去理解他，之后在语言上把你们的观点进行对比，这样他也就能够理解。你可以提醒对方你们的基本准则，要求他们去遵守这些准则。这个过程能让人们理清那些与冲突相伴而生的情绪，这样我们才能更加冷静地探究和理解彼此以及我们的立场。

下面说到的技能是通过探究我们每个人带入谈话中的意义和假设，来公开探究对话主题。这里我们也许会需要一个回顾的特殊时刻，后退一步来对我们的谈话提出一些质量控制问题。这里，我们想要把自身从谈话和思维方式中区分开来。

我不仅仅是自己的话语行为——我说的话、他说的话、说话的方式。这些只是话语和表情。而它们只是我的一部分。

无效的沟通技能只是他的一部分，与他自身并不相同。他是一个值得被爱和尊重的人。

下面我们要提到基本准则。建设性地处理冲突需要坚持基本准则，这样我们就可以叫停那些让事情变得更糟的沟通方式。以下是通常能够扩大冲突的明显的非正常互动：责怪、挖苦、评论、过度泛化、大吼大叫以及直呼其名。通过建设性地处理冲突，我们的意思是处理一些麻烦的问题（那些会造成潜在的不开心的事，会致使我们失落、苦恼、愤怒、悲伤等）要带着尊重和怜悯心，永远记得在做任何重大决定之前，首先要去充分理解这个问题。

处理冲突的基本准则

有些基本准则是为了应对艰难的沟通而建立的，或者是为了一些以解决问题（或潜在问题）为目的会议而建立的。这些准则为我们提供了一个机会去创立一个协议或者一个书面协约，约定了我们在沟通和做决定的时候如何对待彼此。这些合作的基本准则展示了一种指导原则，来指导我们如何成功处理分歧。

这里有一些基本准则，适用于有关尊重、公平、倾听、开放、机密、承诺、责任和信任等方面沟通，让我们学会如何看待差异并创造一种双赢的结果。

1. 尊重

· 我们在交流时运用合适的语调并看着彼此的眼睛，以示尊重。

· 我们避免同事觉得会受到冒犯的行为（例如翻白眼、嘘气）。

· 我们有问题时，会直接针对某事或找到某人去处理，不搞三角关系（也就是指一种非正常交流模式，与他人谈论对方，而不是直接找对方交流）。

· 我们把个人和他的行为区分开，不针对个人或者进行个人攻击。

2. 公平

· 我们对于每个人说话的时间保持公平。

· 我们轮流发表观点，没有人去主导整个谈话或者是侵占别人的谈话机会。

· 我们会平衡倡导和询问：陈述并提出问题。

· 我们会为了理解彼此而对话。

· 我们会共同建立一个框架并坚持以框架为标准行事。

3. 倾听

· 我们会首先寻求去理解他人，之后去让他人理解自己。

· 我们会以理解为目的进行倾听，而不是以查错为目的。

· 我们会以重复对方意思的方式，来证实自己已经理解了，直到对方满意。

· 当我们拥护自己的立场时，会说明自己的假设。

4. 开放

· 我们以询问和倾听的方式来展示自己对每个人的观点和立场的开放态度。

· 我们分享信息，而不是对彼此隐瞒信息。

· 我们会开诚布公地讨论并共同作出决定。

- 我们会探究彼此的理由和假设。
- 我们对于别人探究自己的理由和假设持开放态度。

5. 机密

- 我们对于指定的机要事件不外泄。
- 我们据以得出结论的过程或者经验将保持机密状态。

6. 承诺和责任

- 我们对彼此的承诺负有责任；着眼当下并互相忠诚。
- 我们对于承诺过的事情彼此负责。

7. 信任

- 我们相信我们所说的就是我们的真实意图。
- 我们允许他人对自己提出挑战或问一些“很难回答”的问题。
- 我们会彼此挑战去检验我们说过的话以及为什么这么说。
- 我们允许别人认为我们应该为自己的话负责。
- 我们会管理自己的工作状态，并在需要的时候稍事休息。

禁止行为的基本准则

- 肢体接触（例如：把手放在其他人身上）；不允许扇耳光或者推搡。
- 中伤、伤害、鄙视或者侮辱对方，以把自己的负面情绪发泄在对方身上。
- 用反讽、不屑一顾或者奚落的语言。
- 一个人长篇大论。
- 在别人说话的结尾插话时，我们应该有个呼吸的间歇、稍有停顿。

不利环境中的合作

当合作处于不利环境中的时候如何运行下去？在党派政治时代，合作能否在华盛顿特区这样高度紧张的政治环境中运行？非常有趣的是，在罗纳德·里根（Ronald Reagan）总统及其对手白宫发言人提普·奥尼尔（Tip O' Neil）的时代，合作确实也是可以实现的。克里斯·马修斯（Chris Matthews）在他《托马斯·菲利普与里根：政治如何操作》[1]一书中讲述了这个故事。

1980年罗纳德·里根当选美国总统，民主党失去了白宫和参议院的控制权，但仍保留众议院的席位。当时的白宫发言人是提普·奥尼尔，里根在华盛顿的主要对手。当时他们几乎在每天发生的所有大事上都有分歧——福利、税收、秘密军事行动、社会安全——奇怪的是，他们总能找到方法达成共识和合作。

这怎么可能呢？这两个政见完全相对立的领导者如何能够跨过分歧、甚至是狭隘政治，以高产高效的方式一起工作呢？他们每个人不仅是领导者，还是一个合作型领导者。每个人都性格友好、务实，有自己独特的魅力，并且每个人都努力让白宫和发言人办公室之间的沟通渠道保持通畅。

他们两个人都能够意识到他们共同的目的。例如：马修斯描述了共和党和民主党为了保护社会安全，里根和奥尼尔如何进入了一个取舍的过程，以实现这个目的。他们都知道这是为了国家着想，并且珍视“服务国家”这一理念，尽管两人当时的敌对状态仍然非常激烈。驱动他们合作的动力之一，可以用里根桌子上的一个标语来表达：“当荣誉不属于某个个人时，你们所能获得的成就是无穷的。”

---

1. Matthews, Chris (2013). Tip and the Gipper : When Politics Worked. New York : Simon & Schuster.

那么他们是如何建立并维护起这段合作关系的呢？他们一起建立了一个互相保持联系的方式，后来成为一个惯例或者仪式，这也使得他们最终能够成为朋友。这种方式是由积极的态度和投入所驱动的：“他们都注重建立一个对两个人来说都可行的关系”。这种方式之后就成了一个仪式。奥尼尔向里根介绍了“六点之后”的想法：“尽管我们有分歧，但我们在六点下班之后及周末的时间还是朋友”。这一点让他们两个都愿意为彼此的政党去调停。马修斯发现奥尼尔“反对蓄意阻挠”，说：“我们会在方方面面相互配合。”

当用词过分时——例如，当里根回应奥尼尔对他的一些不公平的批判时，他说那是纯粹的“煽动行为”——第二天里根就道了歉。这保护了他们之间的关系，并巩固了“六点之前是政治”。

尽管他们都有自己坚定的主张，每个人都拥护自己政党的理念，但他们还是可以创造一个双党派合作。为了实现这一点，他们主要通过建立并遵循冲突基本准则，并尊重这些准则：

• 有舍有得。提普说：“双方都要有所放弃”，并在最后，里根也是基于这一点决定“愿意在他的无税防火墙上打开一个口子”。

• 尊重。双方做事都要尊重对方，尊重政治体系，愿意按规则行事。

• 保持沟通。双方都努力保持对方处于沟通圈内，并且愿意沟通。

• 双赢思考。“两人都不能像个被惯坏的孩子”，并且两人都愿意让事情向前发展。他们不做零和的事。

• 支持。“每个人都要使对方看起来更强大。”

在奥尼尔的退休欢送会上，里根直接讲了他对他们关系的看法：

发言人先生，我非常感激你过去对我的许可，我希望在将来，能有这独一无二的荣誉，能有荣幸称你为我的朋友。我想我们的友谊是这个政治体系的一个证明，证明我们是我们所生活的国家的一部分，这个国家允许两个不是那么害羞也不是那么孤僻的爱尔兰人能够就某些问题争个明白，而不是针对对方个人或者他们的同胞。

对于这段话，奥尼尔回应道：

> 总统先生，我们有不同的信条，但是我想要告诉你我有多羡慕你的能力、你的才华、你管理美国人民的方式、美国人民对你的敬爱以及你的领导力，尽管我处于对立面……我想到你的魅力、你的幽默、你的机智，会觉得你是一个美好的人，总统先生。谢谢你能参加这个欢送会。

成为合作型领导者，下一步你要做什么

这一步非常具有挑战性，因为我们常常会避免关注差异，对于差异感到苦恼，因此我们会因为差异而产生冲突。我们不会去拥抱、欢迎差异，或者把它整合到我们的工作中去。然而，如果我们要达到真正的合作，这一步是必需的。其关键就在于要对差异进行重新组织，这样人们就不会把它看成是困难，而是一种资源。

那么，你准备好要在这方面进行合作了吗？这是你的核对选项。从0~10，测量一下你现在所处的位置，以及你需要在哪些地方多加注意。

- 我认识到了我现在的差异结构。
- 我重新构建了所有那些阻碍了接受、拥抱、整合差异的老旧结构。
- 我对语言使用进行了转换，这样我的话语就对差异形成了支持。
- 我改变了我的生活环境的结构，使得它们有利差异整合。

第 6 步　求同存异：协调合作双方的关系

领导者们注重的不是解决方法能够被采用，而是问题能够得到解决。这样的领导者才是任何合作成功的关键。

——约翰 • 帕尔（John Parr）

合作的另外一个核心能力就是融合对自己和对他人的关注度，形成一个单一重点，能够同时联合双方力量。这显示了合作的一个重要且不断变化的方面，会导致惊人的协同效应。当这两个高级阶段的能力联合到一起的时候，有效而持续的合作就会相继出现。但是这里有一个悖论：最好的合作并不是来源于主动听从他人的想法，也不是来源于对人际关系不加参考就领导团队。成功的合作既需要强大的自我认知，也需要有很强的与他人一起工作的意识。

当我们在第四章介绍了自我和他人的轴线图的时候，我们了解了合作的一些障碍。这些轴线有两个中心：自我发展和社会发展。本章，我们将更加详细地讲解这些轴线图，以及这两者之间的互动关系如何创造出合作所需的协同效应。

合作象限由两个坐标轴组成：自我 / 独自、他人 / 共同。每个轴线都代表着我们相应的知识和技能。在自我轴线上，步骤包括自觉、情绪智力、自我发展。从对自我完全没有认知开始，向更高一级的自觉移动。在另一条轴线上，不同步骤衡量了一个人的人际关系和社会关系的知识和技能的发展。

也就是说，4 个象限由以下内容组成：

象限 1：未发展。在有效处理个人与其他人关系方面没有相应的知识和技能。这是无合作象限。

象限 2：社会性发展。在与他人交往、实现融洽关系等方面表现出有渊博的知识和较高的技能，但是无法将这些能力与自我发展整合。产生的问题包括：过度给予、被无视、被利用。这是依赖或相互依赖象限。

象限 3：个体性发展。在关于自我方面具备大量知识和技能，知道自己的优势和劣势、才能和技能、价值观和信念等等。优势在于有自己的坚决主张、自我意识和自我修养等等。问题在于太过独来独往，无法或很难维持融洽关系，太过注重自我（以及经常被别人认为自私），无法激励或获得别人对愿景的认同。这是独立象限。

象限 4：整合社会及个人发展。是一种自我发展和他人发展的协同配合，使得整体达到平衡及最佳的状态。这就是合作象限。

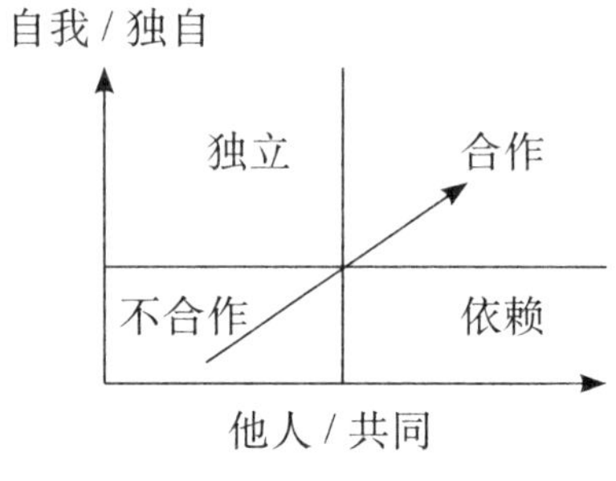

自我轴线——单独奋斗的独立性

这里，我们主要关注自我——关注当你独自工作的时候，你是如何看待自我及你的技能的。这个范围从不自信、依赖他人、无自我意识、无法自己站稳脚跟到完全独立、有自我意识、有自我力量去独立站稳脚跟。

依赖	自我	独立
缺乏自信，无自我意识		有自我意识、自我力量

在这个自我轴线的最左侧，表示自我作为一个个体没有任何发展，因此就没有能力去与人合作，因为这样的人缺乏自信，认识不到自我，即使有，也无法去为团队做太多贡献。在这个自我轴线的最右侧，表示这个人是一个完全发展成熟的个体。我们知道自己是谁，我们的使命是什么，我们如何对待甚至是掌握我们的需求和欲望。这代表着高级阶段的个人发展，以及面对生活的挑战时需要的自我力量。所有这些使得我们成为一个独立的人，并且据此我们有了一个合作的坚实的基础。

他人轴线——与他人合作的独立性

这个轴线重点关注当和他人接触时所需要的技能。这个范围从孤僻以及对他人的存在无意识，到完全能够意识到、留意、认可和在乎他人。

孤僻	他人	高社会智能
对他人无意识		欣赏他人的才能
不在乎、怀疑他人		承认并依赖他人
对他人不信任		信任他人

在轴线的最左端，表示一个人无法与他人建立联系，无法留意他人、在乎他人，甚至没有足够的精力去留意或注意到他人。缺乏这些品质和技能的人，无法与人合作，因为他们不知道如何去高效率地与他人接触。在轴线的最右侧代表着相反的能力，意味着可以去留意到、在乎并时常提及

他人。这意味着有高级共情能力，有足够的社会智能达到“第二位置”[1]，并去支持他人。

从不同轴线到轴线间的协同作用

两个焦点的最高形式的组合，或者是技能的配合，形成了第4象限，也就是合作的最高形式。

正如我们所看到的，在自我轴线上，关注点在自我方面，在于单独完成事物并想要自己一人获得成功。下面这些项目阐述了这个轴线上的各个发展过程以及区别之处。

1. 未发展：对自我不了解，没有发展个人技能。

2. 了解自我：了解自己的才能、潜力和个人风格。

3. 接受自我：发展出了自我意识和对自己优缺点的接纳。

4. 欣赏自我：能够发现并发展他/她的优势，能以欣赏的态度关注自己的优势。

5. 信任自我：在学习和发展技能方面有一定经验，知道他/她可以信任什么、不可以信任什么。

6. 自我力量：有足够的自我意识，能够懂得放手。自我力量意味着有足够的内心力量去面对和处理对目前生活形成挑战的事。没有了自我力量，一个人在面对障碍的时候就会屈服或者崩溃，无法处理现实情况。

相反，在他人轴线上，关注点在于他人，在于默认他们所做的事情、做

1. 第二位置指的是NLP感知位置的内容。第一位置是用你自己的眼睛去看，用自己的耳朵去听，用自己的身体去感知。第二位置是想象从他人的角度出发，事情的样貌、声音和感觉应该是怎样的。第三位置是系统感知——想象你和他人从外界来看是怎样的。——原文注

事的方法、与他人合作完成的方式。下面这些项目描述了轴线的各个发展过程及其区别。

1. 未发展：还未发展出社会技能、社会智能和情感智能。

2. 了解他人：已经开始理解人们是从自己的需求、构想和动机出发去行事的，以及每个人都独一无二，与他人不同。

3. 接纳他人：学会了要对他人宽容和接纳，首先需求去理解他人。

4. 欣赏他人：能够看到、意识到并知道他人的优势，对于那些对他人来说重要且特殊的东西能够表示珍视。

5. 信任他人：已经有能力去听取他人的意见，以信任的姿态开始一段关系，而不是不信任或者猜疑。

6. 自我力量：以良好的涵养和理解去直面那些烦心、琐碎的事情以及和他人的差异之处。

第 4 象限综合了高度发展的自我意识和高度发展的他人意识。在这个协同作用当中，我们得到了以下几点：

1. 个人的付出：已经有能力去将自己投身于为他人谋取利益当中。

2. 个人的共享：可以主动显露自己的内心、有开放的态度以及能够接受脆弱的状态。

3. 与他人互补：能够融入他人、以他人为基准并去适应他人。会问："我如何能够与你形成互补？"

4. 对他人的付出：能够共享、贡献并投身于他人的事务当中。

5. 与他人共享：能够与他人友好相处，是一个好的团队合作者。

测试你的合作协同性

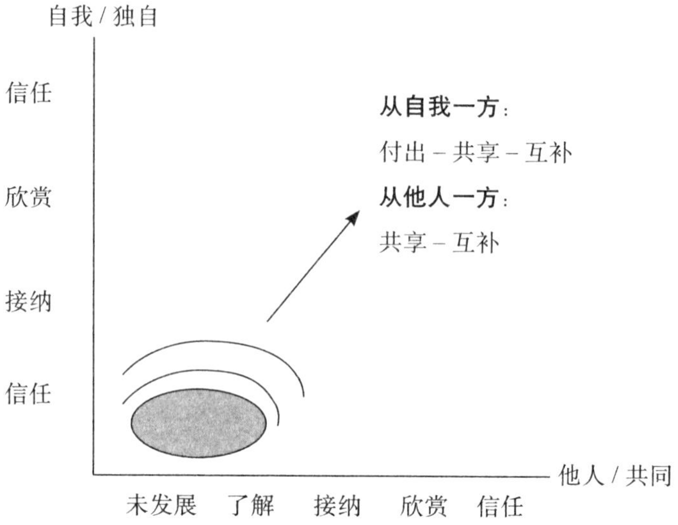

你会判断自己处于上面自我和他人周线图的哪个位置？为了知道你位于合作象限的哪个区域，逐个阅读下面的陈述，从 0（低）~10（高）给自己打分。

自我轴线

1. 我非常了解自己。

2. 我充分发展了自己的技能，达到一个较高水平。

3. 我知道自己才能、潜力和做事风格的优势之处。

4. 我了解并接受自己的弱点。

5. 我欣赏自己以及自己的优势。

6. 我以欣赏的态度关注自己的优势，并尽可能充分发挥出来。

7. 我对自己感到信任，并且知道我哪些方面可以被信任，哪些方面不能被信任。

8. 我有充足的自我力量，也有足够强大的自我感知，并能够放下自负。

9. 我内心有充足的力量去面对和处理生活的挑战。

10. 我可以为了他人的利益而付出自我或者投身于其中。

11. 我可以通过主动显露自己的内心、保持开放甚至是脆弱的状态，来达到个人的共享。

12. 我可以与他人互补、相融合、以他人为基准并适应他人。

13. 我是一个好的团队协作者。

14. 其他人会把我描述为一个团队协作者。

他人轴线

1. 我发展了自己的社会技能、社会智能和情感智能。

2. 我知道并理解他人总是从自己的需求、构想和动机出发去行事的。

3. 我可以以宽容、接纳、寻求理解的方式去接受他人。

4. 我能够欣赏他人，并已经看到或意识到了他们的优势和天分。

5. 我信任他人，因为我可以听取他们的意见，并以信任的姿态开始合作，而不是不信任并且持怀疑的态度。

6. 我有足够的自我力量，以良好的涵养和理解去直面那些烦心、琐碎的事情以及和他人的差异之处。

7. 我对他人不吝付出，因为我可以分享、贡献并投身于他人的事务。

8. 我可以与他人共享。

9. 我可以与他人友好相处，成为一个优秀的团队成员。

10. 我以与他人相融合创造协同效用的方式，去与其形成互补。

深层探索自己的合作象限

下面这些问题能够帮助你对自己的合作型领导力技能有一个更深层次的

评估。这些问题会让你反思自己的优势，理解哪些是你视为理所当然的事情。它们旨在帮助你实现自我发现和自我意识，因此这些问题没有对错之分。

像对待你的智商（IQ）、情商（EQ）和灵商（SQ）一样来思考你的合作商数（CQ）。这是你合作的“分数”。你的分数越高，你与他人合作的能力和水平就越高。

自我轴线

1. 我在这个合作中是什么样的角色？我如何以单个贡献者的身份去感受自身？

2. 为团队做贡献，我需要哪些才能、天分、知识和技能？

3. 我能做出的最大贡献是什么？

4. 当我做出最大贡献的时候能有多少产出？

5. 我想要给予什么？

6. 我对于自己能够贡献出的与他人技能形成互补的地方有多了解？

他人轴线

1. 在合作当中还有哪些人？我对于他们在合作中有什么样的想法（例如：是团队合作还是个人导向）？

2. 其他人有哪些才能、天分、知识和技能？

3. 我在多大程度上信任他人能够根据自己的能力给出成果？

4. 其他人想要给予什么？

5. 他人在合作中如何帮助到我 / 我们？

重新审视合作中的障碍

如果没有那些对我们的合作形成阻碍的壁垒的话，那么也许就会产生更多健康而有效的合作。这些障碍就是当人们利用合作进行领导、解决问题和创造有效的组织结构时，犹豫退缩的原因。作为一次回顾，这里列了一些每条轴线上会出现的主要障碍。

自我轴线

- 个人主义：我更偏向于自己完成。
- 忌妒：猜疑。
- 害怕：害怕他人赢过我，或者获得更多关注。
- 自我为中心：我想让事情以我的方式进行。
- 傲慢：我知道的最多。我比其他人更聪明。
- 只照顾自己的利益。
- 别有动机：隐藏个人秘密，并且有意隐瞒工作事务。
- 占有欲：囤积、划定个人范围、建立个人贮仓。
- 资源稀缺：资源不够每人得到一份。
- 独来独往。
- 渴望权力。
- 戒备心：将评论和批评个人化。

他人轴线

- 社会惰化、爱搭便车，不承担任何责任。
- 相互依赖（需要他人来救急）。
- 对他人心胸狭隘。
- 不回应他人需求。
- 游手好闲，整日从一个地方跳到另一个地方；话匣子。
- 现状偏见。
- 偏好习惯、舒适和熟悉的事物。

· 厌恶损失：过度评价自己所拥有的东西，因此失去要显得远远少于所得。

合作型领导者需要扮演的角色

为了有效运作，一个合作型领导者必须有能力去适应扮演多个角色，包括召集者、合作型领导者、倡导者、合作者和促进者。

第一个角色是召集者，意思是邀请他人加入你的合作。如果你不是原本的召集者或者主要的召集者，你也许还是要在一定程度上扮演这个角色。第二个角色是合作型领导者——是制定愿景和方向的那个（或那些）人。然而，你还需要能够适应第三种角色：倡导者。你必须让组员能够听到你的意见，倡导一个对你们来说非常重要的立场、观点、方向。第四个角色是合作者——也就是一个团队的一员。没有这个角色，你就不是团队中一个鲜活存在的个体，人们会问："你是谁？你代表什么立场？"最后，还有促进者的角色。在这个角色中，你时常退后一步去促进沟通、解决冲突或者参与团队的某个工作任务中，使得他人的声音能够被听到。

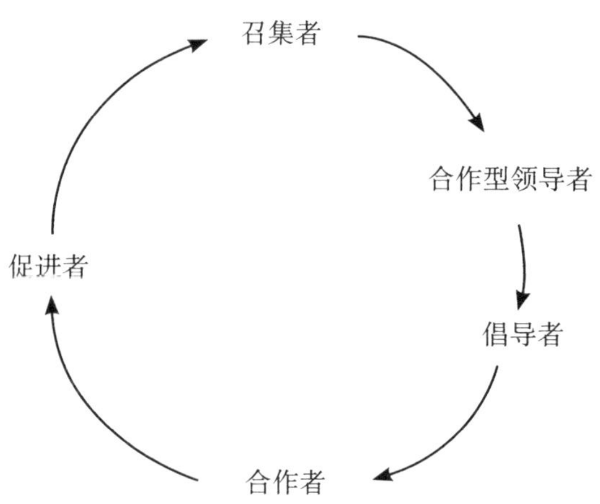

如果你过度投入到其中某一个角色而忽视了另外一个角色的话，你作为领导者的能力就会有所限制。再者，如果你陷入其中一个角色，合作的质量也会有所下降。在不同角色中切换所需要的技能包括要设立清晰的边界，这样你就可以在任何一个时间点上清楚地知道自己的责任是什么。

成为合作型领导者，下一步你要做什么

如果说合作是独来独往和与他人接触之间的一个协调的话，那么合作象限能够让你确认自己的合作技能、态度和行为。这些象限还强调了合作是一个高级的关系技能，需要复杂的情感和社会智能。从你的反馈中去看，本章的自我测评对于促进你理解和成为一个合作型领导者，提出了哪些建议？

第7步　坚定信念：相信合作的力量

当提到你的工作时，用“我们”这个单词。永远不要用“我”，这听起来太自我。

——迈克尔•布隆博格（Michael Bloomberge）

建立一个组织机构的要点就在于控制人们一起工作的合作效率。

合作有许多内涵：意愿、承诺、效率和效用。

——大卫•克拉特巴克（David Clutterbuck）

与人合作，你就要去相信它。如果并不是真正相信合作的力量的话，或者是不相信多人联合的力量就跟别人合作，这就不仅仅是自相矛盾了，它会以各种各样的方式来带给你限制。

因此，你的信念是否足够强大，去支撑你成为一个合作型领导者呢？

你的合作信念

如果你已经读到这里了，那么很有可能是你相信合作的价值，至少是在某种程度上相信。所以这里我们不是要讨论或是给出论据去支持你对合作的信任。相反，我们想要关注的是你的信念的内容和质量。我们希望你对合作的信念足够坚定，去反对任何贬低合作的负面想法或经验。

信念最迷人的地方在于它是一种自我实现预言。你对待他人、独自工作、共同工作、整合资源、资源匮乏、资源充足、人类本性等的看法，不可避免地对你作为一个合作型领导者的能力方面发挥着一定的作用。为了运用这种系统语言，信念就是自我组织的过程：它们组织起你所有的能力来为自己服务。这会给你对合作的观点带来一定的影响。

什么是合作信念

有太多时候我们都是一下子投入到自己的观点当中，并开始和别人就一个话题进行争论，甚至都没有搞清楚我们谈论的是什么。为了避免这个问题，我们在本章开头先来对信念进行定义。对于某些人来说，这个术语会产生有关宗教的想法或者一些教义阐述，但我们这里并不是指这方面的意思。

对于我们来说，信念就是你认为对并且真实的东西。当你相信某种东西的时候，你通常会对它有种非常坚定的感觉。你能够强烈地或者是深刻地感受到它是真实的，并且你在这一点上深信不疑。

对于你个人的信念感，你如何回答下列问题？

- 你相信你可以领导团队吗？
- 你相信你有相应的才能和天赋去发展成为有价值的技能吗？
- 你相信学习非常重要，可以通过学习提高你的生活质量吗？

那么信念是一种想法吗？不是的，它不仅仅是想法。即使你不相信一件事，也可以对它进行思考，不是吗？如果不管你想什么，你都对此相信的话，生活就会变得非常恐怖和危险。要感谢上帝的是，我们可以读报纸、看新闻或者跟朋友聊天，思考那些纸上呈现出来的或者别人说出来的东西，但仍选择不相信它们。那么尽管信念是想法的一种形式，但它不仅仅是想法。

在NLP中，我们认为想法是我们大脑中用来理解所说的话或者所呈现的内容的一种具体体现，这成为我们身心系统的一种信号。想法可以是烦人的，甚至是让人沮丧的，但如果它只是一个想法——你并不相信它——那么它就不会对你构成真正意义上的伤害。相反，如果你确实相信某件事，那么信念就不仅仅是你身心系统的一个信号了。理查德·班德勒（Richard Bandler）在《用你的大脑去改变》（*Using Your Brain for a Change*, 1985）一书中说，它是“对神经系统的一个命令”。这为信念如何起作用给出了另外一个解释方法——是一种自组织引子。

信念能够把那些它认为是真实的事情吸引到自己（也就是相信它的人）这里来，它正是靠这一点来起到作用。它能够对人们进行安排，这样人们注意、感觉、说话、行动和联结的方式就成了一种对信念的表达。如果一个人相信事情终将失败，大部分付出和努力都会白费，对生命和人类的态度都是悲观的，那么你可以想象这个人会如何注意、感觉、说话、行动和联结外界。

正是在这种意义上，信念会对我们进行组织和安排，以期待和接受我们所相信的事物。作为对神经系统的命令，整个身心系统都是用来实现（或者，至少是试图实现）我们所相信的事情的。这就是我们如何创造出信念而又被这种自我设限的信念所制约甚至是妨碍的。然而，由于所有的信念都是人类创造出来的——也就是说，没有人是生来就有信念的：我们创造出了信念，并根据自己听到的、读到的、经历过的来丰富发展这些信念——因此我们可以改变它们。我们可以把自我设限的信念转化成为自我强化的信念。

因此一个信念就由两种想法构成，每种都在不同的逻辑层面上。首先，是对于某事有一个意见或想法（例如“学习是好的”“合作把人们团结在一起，可以使得他们共同关注一个伟大的目标”）。第二种想法和第一种想法有关——它形成了第一种想法（例如“这是正确的”“这是真实的”）。通过证实和确认第一种想法，第二种想法对第一种想法进行分类，把它们放到

“真实而确切的事情”类别中，并使它成为一种“信念”。[1]

合作信念测评

下面，让我们为了你的自我发现和自我感知，而对你的信念进行一次探索。在下面的一系列信念陈述当中，有些支持合作，而另外一些则主要是合作过程中的障碍。其中一个或多个信念在你想要成为合作型领导者的路上对你构成了阻碍。

这些陈述由 3 种类型组成：对他人的信念、对自己的信念以及对合作的信念。读一读每条陈述，并根据你对陈述的认同程度，从 0~10 给自己打分。这有助于你更加清楚地认识到自己的心境，这种心境支配着你作为合作型领导者的管理方式。

对他人的信念

1. 没有人比我们作为整体更加聪明。
2. 我们一起完成的事情要比单个人独自行动完成得更多。
3. 人们想要成为一个成功的队伍的一员。
4. 其他人可以帮我们成长，并找到我们的盲点。
5. 有充足的资源供所有人使用。
6. 我们通过双赢战略能够达到最优合作。
7. 我们可以使我们的团体互相协作。

---

1. 在 NLP 中有一些信念转换模式，其中我发明的一个是自我确认模式（Meta-Yes Patterns）（Hall, 2000; Hall and Bodenhamer, 2002）。罗伯特•迪尔茨（Robert Dilts）的信念转换模式叫作旧信念博物馆（Dilts, 1990）。——原文注

8. 在乎他人能够帮助我们成长并跳脱出自我思维。

9. 我可以从每个人身上有所学习。任何人都能对我有所帮助。

10. 他人身上的差异可以让我免于沉溺于自己的舒适区，帮我摆脱思想狭隘。

11. 社会地位不能决定一个人的价值；社会地位较低的人也非常值得我尊敬。

12. 在乎并伸出手去帮助他人是至关重要的。

13. 支持他人并为了整体利益做贡献是至关重要的。

对自己的信念

1. 我可以从成为一个团队或者小组的一员当中获得成长。

2. 获得健康的相互依赖关系需要极大的独立性。

3. 独立意味着首先考虑自己，只有那时我才能够帮助他人。

4. 我可以也将会使用双赢策略。

5. 我知道我自己的优势和劣势。

6. 我害怕如果我合作的话，我会失去自己的独特性，就不能脱颖而出了。

对合作的信念

1. 合作的目的不仅仅是为了合作，而是为了实现更好的结果。

2. 合作有许多好处：独创性、改进的结果、更高的销售额、更有效的运作、更早发现问题等等。

3. 合作并不总是好的，我只和那些有能力并且有意愿合作的人一起合作。

4. 合作可以增进互惠互利。

5. 重要的是获得最好的想法，不管这个想法来自哪里。

6. 接纳所有的想法需要我们在对许多人提供的好点子进行比较的时候保持客观态度。

7. 我的想法不是“我的特权”，它们只是我的想法而已。

8. 我们有能力超越行业最新发展，甚至创造出更好的想法。

9. 在创造力的想法方面，没有所谓的有特权的“核心圈子”。

10. 有时候我必须为了实现更重要的事情而先放弃一些东西。

11. 在机构当中，我们需要一个坚实的平台和文化来让合作运转起来。

12. 合作无法被迫实行，人们必须有合作的意愿。

13. 合作必须对每个人来说都是可行的。如果合作想要持续下去，就必须能够达到双赢的结果。

14. 为了使合作能够成功，我们必须确定我们要合作解决的问题及其解决方式。

信念转变

如果对信念的表述显示出你有一个或多个自我设限的信念，那么应该怎么办呢？改变信念的过程是什么？如果信念的产生是通过对一个想法的认证（也就是说，它是一个更高层次的想法，为最初的想法设置了框架），那么取消这种信念意味着取消对想法的认证。

改变信念最常见的方式是去反驳它，但是我们都清楚这种方式的效率很低。反驳一个信念不但没有用，通常还会让事情变得更加糟糕——它反而会强化信念。对信念的抨击会激起人们去为了它的正确性而反击，这反过来又会强化这个信念。

其解决办法在于不要把重点放在信念是否“正确”上面，而是放在它的运行状态上。这个信念管用吗？它让事情变得更好了吗？它提高了我们的生活质量吗？它给一个人带来力量了吗？它是否反映了我们的最高价值观？问问自己这些问题，当你得到一个“没有”的回答时，你就开始削弱了（或者拆解了）信念的价值。它会降低信念效能。

这时候我们就可以问：“对于这个主题，我更倾向于相信什么？我能想象到的最能够赋予人力量和能力，以及积极导向的信念是什么？”这使我们能够在这个主题上产生一个新的信念——一种能够带来更多资源、管理运作方式的思维方式，从而增加成功的机会。下一步，我们要问一个测试性问题：“我相信这个信念吗？”如果答案是肯定的，那么继续去确认这个信念的价值。如果答案是否定的，那么再问问：“我想要相信它吗？它能够展现出我最好的一面吗？它能够让我在这个领域有更多机会去进行有效的运作吗？其他人相信它吗？”通过引导出一个肯定的答案，这些问题能够使我们开始确认这个新信念的产生状态。

成为合作型领导者，下一步你要做什么

为了成为一个更好的合作型领导者，有哪些信念你需要去改变或者改进？对合作的信念，对成为合作型领导者来说至关重要。同样重要的是，作为一个领导者，你要开发并促进合作中以及你领导的某个合作中的他人的信念。

第 8 步　16 条原则：增强合作有效性

如果你以优质的信息通过建设性的方法把合适的人们聚集在一起，他们就会为解决组织内共同关心的问题创造出准确的愿景和策略。

——戴维•克里斯利普

要创造合作或者合作文化，合作型领导者必须发展并设立框架，使得合作精神和技能能够在组内发展起来。心态展示了一个人对于人力、领导力、管理、人性、组织性质等的信念、假设和理解。

在本章中，我们会阐述使合作成为可能的主要心态。这是对我们在前文所谈及的 16 条主要原则的一个总结。如果想要形成合作的文化氛围的话，这 16 条原则也是必须在合作型领导者中或者组织内部有所呈现或运行。

1. 有效合作的动力来自于愿景

为了在共同努力当中产生热情，每个人都必须要认识到项目的重要性、价值和益处。合作是对于欲望（意愿）、能力（技能）和情感（情感智能和成熟）的协同作用。要想合作，就必须有强烈的愿望去与他人共同完成某事，也必须要有作为团队去实现目标的能力。除此之外，由于我们要作为一个整体来工作，因此我们必须有一定的情感智能去管理我们的情绪。

2. 有效合作要求民主

合作需要平等的团体，在团体中我们重视合作关系和共同的利益。搭档是合作的同义词，两个词都暗示着一种达成双赢协议的相互关系。这需要一种深度民主，致使有效的人际间付出和收获的相互关系能够产生，这种相互关系能够发挥出同伴最好的一面。就像我们所看到的，合作是一种独特的伙伴关系，远远超越了共识和人际关系网。尽管合作需要社交和结交他人（人际关系网），它最基本的重心还是共同的愿景和价值。一个真正有效的合作会整合差异，并经常性地用冲突来深化共同的经历。

民主并不意味着每个人都必须有平等的权利去管理团队，或者是请示每个人的意见。这就是为什么像民族国家这样的大型民主团体逐渐演变成了代议制政府。通过这种方式，所有成员或组织内的团体都可以通过自己的代表来发出自己的声音，表达自己的观点。

3. 有效合作的运行是基于资源的丰富性，而不是稀缺性

这个框架对于合作来说是一个重要的前提，但我们常常视而不见。这是因为丰富性和稀缺性的框架本身就经常被忽视。因此，与其讨论这些框架，不如把目光放在行为上。人们是如何表现的？如果你想要知道人们相信什么，就要注意观察他们的行为——行动往往胜于言语。

如果你的（有意识的或无意识的）框架假定世界上的资源丰富，你就会很愿意与他人合作。如果你不这样想，你就会觉得他人的每个成功或者“获胜”都意味着从你这里夺走了一些东西。如果你相信这个，那你就会把他人的成

就看成是对你的利益的威胁。反过来，这会让你变得争强好胜、羡慕、嫉妒，这些对于合作来说都不是好的开始。

4. 有效合作是积极的

合作需要对生命和他人有一个积极的展望——期待他人会根据自己的学习、发展和情况而尽最大努力，并以积极的目的去工作。也就是说他们致力于去做对自己有益且有价值的事情。如果你相信这一点，那么你就可以把“坏”事看成是意外的结果。当一个人追寻自己的目标，却没有把整个系统的生态环境考虑在内的时候，很可能就会发生这种情况。

如果你假定人都是坏的、邪恶的、消极导向的，并且“罪恶”作为一个实体存在于这个世界，那么也就是说当不好的事情发生的时候，是因为某人本身就是坏的或者邪恶的。

寻求积极的目的是否意味着个人就不能陷入缺乏资源的闭塞状态？当然不是。这意味着当有人怀着敌意的目的去伤害你、让你尴尬、从你那里窃取或者背叛你的时候，他们通常是在寻求实现对自己有价值的事情。

要想揭示他们的目的，就问那个人：“你为什么这么做？你的目的是什么？”这种想法并不是承认伤害行为，而是正确看待它们。人们并不是因为被邪恶占据了灵魂或者没有人性才去做坏事的。人们做坏事通常是由于错误的理解、认知扭曲、缺乏个人发展、不成熟的短视思维等等。

之后接着问：“这对你来说为什么很重要？”这个问题能够使你们双方都探寻一下自己的价值等级体系。一遍又一遍地重复这个问题，甚至是5~10遍，直到你达到了一个足够高的等级，可以轻易地赞同并重视他们的目的。通过这种方式，你会至少发现一个隐藏在不友好的行为背后的积极的目的。

我们判断为“罪恶”的事情（例如破坏性的、丑陋的、没有人性的）通常会对我们的身心健康、财富、情绪或者人际关系造成损害。它对我们的价值观和标准没有好处，因为它违反了这些价值观，它对这些价值观来说是“罪恶”的。这和认为其他人天生不值得信任且本性邪恶的悲观看法非常不同。为了成功合作，我们必须以假定人们是友好的为开端。

5. 有效合作需要多元化和差异

合作需要多样化的想法、观点、信念和才能。如果团队中没有差异的话，就没有合作的理由了。如果我们都是一样的，我们所需要做的仅仅是配合相互的工作就够了。只有当看法和理解中的差异能够整合在一起的时候，才能够丰富我们的理解和工作中的层次结构。由于个人存在盲点，另一个人以不同的方式所看到的问题正是我认识不到的地方。甚至直接向我指出来的时候，我也许仍然意识不到。众人一起时，我们就能够比单独一个人要看到的东西更多。

6. 有效合作能让独立的个体融入团体

由于合作能够创造出团体，那么团体对于“坚定的个人主义”思维的限制性方面来说，就是一种解决方法。弗洛伊德把个人（自我）和团体（社会）之间的冲突看作是人类行为的基础。通过对比，这条合作原则说明了我们是社会型生物，因此以合作的方式共同生活和工作能够展现出我们每个人最好的一面，使我们能够共同实现那些自己一个人永远不可能实现的事情。

7. 有效合作需要真正的沟通

合作关系需要融入彼此的命运中，这不是轻易或自动就能产生的。我们必须就我们的愿景和价值观、我们的希望和恐惧进行沟通，这些需要有能力去保持开放和透明，有能力去信任别人并使自己值得信赖。这势必会使得我们每个人都更加真实，实现真正的沟通。不要再装腔作势或者故作姿态。用苏珊•斯科特（Susan Scott）在《口才致胜术》（*Fierce Conversations*, 2002）中的话来说，我们必须“从自我背后走出来”，做真实的自己。

8. 有效合作是自然的

合作团体既是一个自然的人类状态，也是一个高级发展的状态。人类生来要共同工作、协调活动、相互配合，并通过合作把我们的希望和未来维系在一起。通过回顾过去人类的伟大成就，我们就可以很轻易地认识到这一点——这些成就是人们为了一个伟大的愿景或者目标而共同合作创造出来的。合作之所以是自然的，还与我们的神经系统有关：为了保持自我，我们每个人都是数十亿个细胞的体内协作网络，它们相互配合给了我们生命。

9. 有效合作促进创造力

当我们接纳模棱两可、学会接受表面上的矛盾冲突，而不是想要控制事态并立刻解决的时候，我们就会变得更加有创造性。合作也是这样。当许多人纠结于一个问题或者挑战的时候，创造力就会凸显出来。在接纳这种挣扎的过程中，“不可能”的事情通常会让步并得以解决，我们就会找到新的方法去实现我们本以为实现不了的事情。

10. 有效合作需要有效的结构

合作是有计划的、有准备的、可管理的、可模拟的。这是因为最成功的合作不是无缘无故出现的——它们是有意而为。合作计划必须与有效合作的结构方式相一致，错误的结构会导致合作出现问题。

11. 有效合作需要我们扮演多种角色

合作需要我们为沟通、相处、运作等建立基本规则。为了使合作高度实用，我们需要行为准则和明确的角色、决策透明、优质（或者准确）的信息、有关立场的良性争论、不是例行公事式的提案等。所有这些功能都需要不同的人们扮演并履行不同的角色。

12. 有效合作会释放出个人和团体的潜能

这是合作的意外收获之一。通过合作，我们可以展现出每个人，以及我们的家庭、公司和机构中最好的一面。如果合作是为了真正实现它的潜能的话，我们必须这么做。尽管我们通常不是为了这个目的而合作的，至少不是最初的目的，但这是合作过程中不可避免的副产品之一。它使得我们可以进行更大的博弈。

13. 有效合作需要关心他人

如果你基本不喜欢或者不在乎别人，那么你能够合作吗？你也许可以协调你的活动并去配合别人，但你无法做到真正的合作。合作的核心是关心他人并在乎与他人相关的事物——亚伯拉罕•马斯洛（Abraham Maslow）称之为“对所有人类都有兄弟般的感情”。

14. 有效合作是系统性的

每个合作都是由人组成的系统——每个人都生活在以及来自于各种各样的系统。合作本身也是一种有关人际互动关系和多种因素的内在关系的新系统。就这点来说，一个有效的合作本质上就是系统性的，因此当系统运作的时候，我们可以期待新特征和性能的出现。为了使你的合作能够成功，你需要从线性思维转换成系统性思维。这需要有能力去看到各种可变因素，如它们之间是如何相互关联的，它们过去是如何共同起作用的。

15. 有效合作从小成就中获得动力

促进合作、获得成就感和动力的一个非常好的方式就是取得一些初期的成果。这可以在克服惰性和质疑的同时，建立起信任。问问自己："我们现在可以完成哪些虽然微不足道但容易做到的事情，去证明我们可以有效合作并在实质上完成一些任务？"作为一个合作型领导者，把这个问题深植自己脑中，时刻带着这个问题，直到它开始发挥神奇的作用。

16. 有效合作需要合作型领导

最后，但并非最不重要的一点是，当合作团队被合作型领导者所带领并指导的时候才是有效的。整个团队都是合作型领导者也是有的，但更可能出现的是有少数几个人来领导团队——合作型领导团队。

第9步　高回报：个人与团队的共赢

独创性经常出现于不同学科的交叉点，因此当不同学科的智者进行对话的时候，就会产生最优质的合作。

——佚名

当谈到合作的时候，存在着一种更大的博弈，而不仅仅是各式各样的人就一个想法、事务和项目一起工作。通常，正是这个更大的博弈把我们聚拢起来，维系在合作当中。那么这个“更大的博弈”是什么呢?

合作中更大的博弈存在于第一层博弈之后，并高于第一层博弈。如果第一层博弈是指共同就一个我们关心的项目进行工作，那么更大的博弈就是指当合作导致我们自身、我们的人生、我们的身心以及我们的机构和团体产生改变的时候，更高层次的价值观和利益不断得到积累。这是来自于合作过程的次要益处。

由合作的过程中产生的意外收获几乎从来不是我们合作的理由。我们并不是为了这些次要结果而开始合作的，这些次要结果也并不一定能够实现。然而，它们对我们来说却非常重要——有时也有足够的改变的能力——去让我们根据其自身特点而重视其中的4点：

1. 个人成长的内在特质。

2. 创造性想法。

3. 团队和团队精神的出现。

4. 个体和团队的自我实现。

1. 个人成长的内在特质

当你进行合作的时候，你几乎需要不断成长。不管你的意愿如何，这一点都是一定的。你会因合作而有所改变，你会作为一个个体而有所发展，你会更加清楚你是谁以及你想要成为什么样的人。在合作的深层结构当中，存在着各种意外和挑战，为个人成长提供跳板，把我们带到个人发展中一个新的、无法想象的地方。当我们彼此相遇并全身心融入一起去寻找共性的时候，每个合作都会使我们成长，因为每个合作都能够带我们超越自我。

当你合作的时候，你要在心里留出位置，去和那些有着互补技能、独特的观点以及对于世界有着完全不同的构想的人进行沟通和工作。这给了合作中每个人一个成长的机会和挑战。这并不是说我们和别人变得一样了，而是表面共识的一种形式，让每个人为了合作而减少自我。这意味着我们丰富了对现实的感受，以及我们对于如何处理问题和如何共同工作的选择。

与他人一起充满热情地投入一个比我们自身更重要的项目，通常要求我们自己也变得更加强大。我们在观念、耐心、毅力和理解力方面有所发展，并摆脱微不足道的顾虑和嫉妒心的影响。在合作的隐藏力量当中，有一个更深的困境：当我们看到他人的独特自我的时候，我们也变得越来越自我。在这个过程中，我们学会了如何在与他人的共同努力当中实现自己的最高价值标准和愿景。

2. 无法预测的创造性想法

合作当中还有另外一个意外因素是你无法去计划或者参与的。有一天当我们对这本书的合作进行电话会议的时候，如伊恩所说的："意外因素就是你的顿悟时刻（eureka moment）！"这是一个某些合作中并没有设想到或者参与其中的可能性毫无征兆地出现的时刻。

在合作思维、头脑风暴收集想法和设想的所有可能性之外出现的事情，就是指的"它"——共同疑问的答案。正是在这些时刻中，我们可以大喊一声："有了（Eureka）！"许多人一起解决一个问题，其结果可能会给所有人带来惊喜。各类发现往往从这些人的互动中产生。

这是我们合作的原因之一吗？好吧，也是也不是。之所以"不是"是因为这并不是我们合作的最初目标或者基准点。而且即使它是我们的最初目标，那我们的本意也很可能会将这个目标抛开或阻止它继续发展。但之所以"是"的原因是我们允许它以自己的方式和时间出现，没有任何期待和要求。它更像是一种希望，希望创造性的想法和顿悟时刻能够发生。

当人们学着为彼此思考并互相反馈的时候，当团队开始参与合作学习的时候，这种创造性的出现会非常常见。当人们运用即兴创作以及公开利用彼此的想法的时候，那些最绝妙的想法有时正是产生于合作学习的过程中。

创造力一个迷人的地方就在于它无法被预测。许多人都做过尝试，一些人仍然在试着预测未来的创造——例如：预测最近的发明创造。然而他们几乎都预测错了。其原因在于创造力的固有本质就是狂野、无序甚至是疯狂的。

不管创造者的意愿如何，创造力通常在不同的人、地点和事件的奇妙混合当中产生。一个人也许会开始去发现或者发明某样东西，然而意外发现了一些预测之外的事情。这些发明者保持高效的原因在于他们对意外的事情保持开放接纳及好奇的心态。他们对意外事件不是拒绝或者批评的态度，而是与各种可能性为伍，让那些可能性去领导他们到达不曾了解的地方。

有一个故事也许可以很好地证明这一点。在我们模拟合作的时候，我告诉了雪莉和迈克尔一件事情，这件事情发生在我和我的妻子波莱特（Paulette）遇到罗伯特·迪尔茨（Robert Dilts）和他的妻子黛博拉（Deborah）相遇之后的3天里。我们当时正在进行一个“临时的合作”。我们没有正式的日程安排，而是开放对待每个可能发生的事情。在那段共同度过的时间里，我们对任何事情以及创新行为都保持开放的态度。

当我们在所合作的领域中进行探索的时候，很显然那段经历非常独特而难以言喻。那是一种“交情”。出于这种交情，我们找到了一种对于我们所有人来说都是全新的工作方式。新的工作范式也由此产生。除此之外，它唤醒了我们的工作精神并让我们因此成为更好的人。

3. 团队和团队精神的出现

合作偶尔（但并不是经常）会出现的另一个特性就是团队精神。它通常是有效合作的标志，证明你聚集起了一个高绩效的团队。这些团队中的人们不仅能够完成工作，而且能够在他们技能的巅峰期去工作并从中获得快乐。

从发展的角度来看，合作与内在独立性有关。这意味着我们已经超越了依赖、反依赖和独立性，到达了一个新的、更高的发展阶段——一种相互依赖。我们再次变得具有依赖性——依赖彼此去渡过难关。这种高层次的信任能够发挥效用，因为所有的合作者都是成熟并发展完备的，能够实现自己的承诺。

因为合作源于自我和他人的协同作用，我们作为个体能够避免两极分化，一方面是完全的独行侠，另一方面是共依存的团队成员。这就是更大的博弈。合作还涉及另外一种协同：合作的欲望（意愿）加上共同有效工作的技能（能力）。这些方面给了我们另外两条轴线（如下图所示），能够深化我们对合作经历的理解。

象限 1 代表着没有合作，在这个象限内我们并不关注自我和他人。只关注他人就进入了象限 2：依赖。只关注自己是象限 3：独立。在象限 4 中，我们对于自我和他人有着均等的关注，这里产生了合作。

管理着“合作的欲望”轴线的原则是我们不愿意合作，除非（或者直到）我们看到了合作的重要性和价值所在。因此欲望轴线引出并预先假定了合作的价值。正如我们已经说过的，重要的价值包括：

· 更高级、优质的结果：我们合作起来能够比单独一人做到的更多。事实上，有些事情我们一个人根本无法完成。

· 促进个人发展：突出优势、弥补不足。

· 体验更多乐趣：在合作当中，我们可以形成团队精神而共同工作。

“合作的能力”轴线的原则是有完成真正的合作的必备技能和核心能力。仅仅是想要合作是远远不够的。合作的欲望很重要，但是还不足以让人们实现合作。这就引出了一个新的象限表格（如下图所示）。

整个象限从低意愿和低能力的象限 1 开始：我们既没有意愿，也没有能力。这意味着我们没有进行真正的合作的能力。在象限 2 中，我们有能力合作，

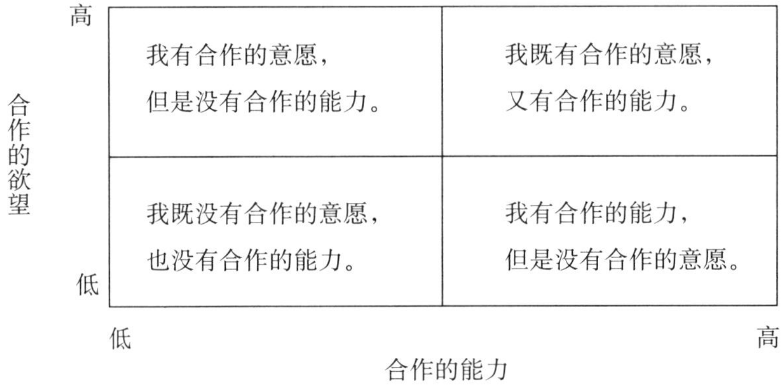

但缺乏意愿。没有合作的欲望，我们的技能就无法施展。由于缺乏合作欲望，我们存在合作的潜力，但并没有真正实现。在象限 3，我们有合作的意愿，

但是没有能力去实现合作。即我们没有实现自己意愿的能力。在象限4，我们既有合作的欲望，又有合作的能力。

在下图中，我们增加了一个维度——情绪。如果我们有合作的意愿和能力，但是在情绪上无法适应合作呢？如果我们缺乏适合的状态、情绪、态度或者情感特质去运用我们的意愿和能力呢？同样，我们愿意并且有能力实现的合作还是无法进行。因此，合作还需要有成熟的情感去把人们有效拉拢到一起，作为一个整体去共同工作。

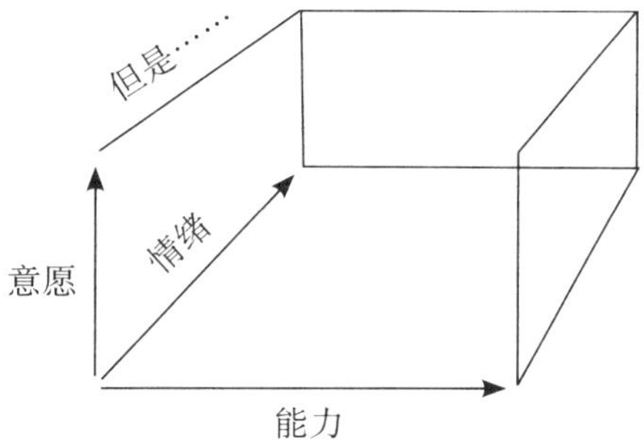

4. 个人和团队的自我实现

自我实现指的是对于那些本来只有可能性或者潜力的事情，使之成为现实（实现）。让可能性成为现实是我们合作的目的——这就是为什么我们要合作。这是合作隐藏的好处之一。这是因为在合作的过程当中，合作的人员及机构也会使自身的可能性成为现实。

这表明了实现自己最有意义的事情的一种方式（也就是对你最重要的事情、你的最佳表现、你的最佳技能）就是与他人就某个项目进行合作，特别是那些在某些方面对你有所挑战、让你竭尽所能的项目。因此我们会问："为什么还有很多人并没有在进行真正的合作，形成一个合作型伙伴关系呢？为什么还有很多人并没有为了他们更大的团体而竭尽自己所能呢？”

在回答这个问题之前，我们想要指出在自我实现的“低级”基础阶段的自我实现需求以及元需求或“高级”阶段需求之间有非常大的差异。以下是马斯洛需求层次结构背后的意义：

低级基础需求	高级存在需求
更多地被生理因素制约	较少制约、更加开放
更有形——经验倾向	更无形——心理倾向
受资源匮乏驱使	受资源充足及存在性质驱使
“丛林观”（马斯洛的术语）	超越境界
竞争形式	合作形式

在回答问题的时候，我们相信很多人没有充分实现他们的潜力。也许他们的生活并不是一种自我实现的生活，而是寻求满足自己低级基础需求的生活。如果这样的话，他们没有准备好提升需求层次就不足为奇了。马斯洛提到资源匮乏（或缺失）驱动着低层次需求（D 需求），因此当人们生活在这个层次的时候，他们受资源匮乏感的驱使。这和以高层次需求和价值为特征的资源充足感相反，那才是合作的基础。

既然低层次需求以竞争为特征，高层次需求以合作为特征，那么当我们开始合作的时候，我们同时要满足很多自己的元需求（meta-needs）。这也许在某种程度上解释了为什么那些奋力想要满足自己低层次需求的人显得更加具有竞争性。受困于这个层次的时候，人们给这些需求赋予了太多意义，想要使他们成为“人生的意义”。

在更高层次中合作是件简单自然的事情，对于那些进一步想要满足自己更高层次需求的人，他们首先要做的是要有处理自己低层次需求的能力。只有要那时候，他们才会向前发展，成为一个能够自我实现的人。仅仅是通过构建和再构建来劝说人们去合作是行不通的，至少不可能是长期有用的。个人也许可以意识到合作是一种更好的生活方式，并且知道他应该去合作。但是除非这个人满足了自己的低层次需求，否则他不可能凭直觉就理解到资源充足和合作的价值所在。

这也就是说，合作既是自我实现的征兆，也是其表现。了解了这一点，你就有了另外一个接纳合作的理由了。合作能够在你和他人的关系之中实现和促进更好的自我。你和他人处于一个共同获益的经历中，以促进双赢的平等方式与他人共享，这对很多人来说看似太过理想而不切实际。对于他们来说，由于他们生活在低层次需求当中，并为了满足低层次需求而生活，这似乎违反了他们资源匮乏阶段的需求。然而它实际上只是显示出了你处于需求层次的那个级别。

成为合作型领导者，下一步你要做什么

你准备好了踏入一个更大的博弈了吗？你是否更加认识到在合作的时候许多不同的品质会凸显出来？你无法强求也无法对其做时间规划，这样行不通。合作的好处就像是当你无所期待的时候出现的一些小幸运。它们一定跟你的内在转变以及你作为合作型领导者所创造的合作文化有关。

第 10 步　责任感：保持积极的合作状态

懂得仔细倾听的人都充满活力，能给他人带来活力的人也都表现更加突出。

——基思·索耶（Keith Sawyer）

这种新的合作型领导最大的障碍就是老旧的命令－控制式领导。

——L. 迈克尔·霍尔（L. Michael Hall）

NLP 的一个基本沟通原则就是我们总是不可避免地从一个状态切换到另一个状态。这个原则也适用于人际关系：我们与他人的关系从一个状态切换到另一个状态。我们还可以把这个原则应用于领导、培训、管理、咨询等等。一个人所处的状态——他的情绪、态度、思考空间和情感——都强烈地影响着他的沟通、关系等方面。因此它同样适用于合作也就不足为奇了。一个人合作时所处的状态会影响他的行事风格和效率。“状态”对于合作的质量来说是一个关键的因素。

相反，也有一些我们接触到的或所处的状态会削弱有效合作。事实上，有些状态甚至会对那些最优质的合作形成阻碍。如果我们想要成为合作型领导者，我们就有必要识别正确的状态，警惕错误的状态，发展自己的情绪智商，让自己从破坏性的状态中走出来，并影响他人去有效管理他们的个人状态。

因此，什么样的状态能够发挥出人们最好的合作行为呢？这对我们之前的章节中提到的主要合作状态有一个简单的提示：

- 资源充足
- 信任和值得信任
- 勇气
- 责任和主动性
- 风度
- 对他人和学习保持开放态度
- 自信果断
- 成熟以及稳定的自我感知
- 对他人的祝贺
- 共情
- 放下过去

信任的状态

之前，我们定义了基本的合作原则：任何对人与人之间的信任构成威胁的事情都是合作的障碍。让一个人沿着自我和他人轴线移动进入象限 2 和象限 3，需要不同状态的混合。这反过来会使得他们进入象限 4，即合作象限。

合作的核心需要信任和值得信任的共生状态。信任使得合作得到发展壮大；相反，破坏信任或不信任他人会削弱合作。其原因很简单：在任何程度上的合作、联结与他人的关系都需要我们信任他人。即使只是在我们的注意力和兴趣方面——更别提我们的想法、情绪、信念和努力——竭尽自己的全力都意味着对他人保持开放的态度和缺乏安全感的状态。为了实现这一点，我们必须要信任我们的合作伙伴，以修养、尊重、接纳和欣赏的态度来对待我们的机会。当他们不这样做的时候，我们反过来也不会将自己的才能交付给他们。我们会收回精力、有所保留，甚至会减少联系，这些都会削弱合作。

在这里，自我轴线是一个关键。这是因为在每个合作当中，你对自己的处理方式和态度都会不可避免地影响合作。正如我们在第十章看到的，整个发展范围从依赖、需求、自我怀疑到完全独立、自觉和拥有自我力量。当你有了自信（在自我轴线的最右端），你就进入了发展与完善的状态。你知道自己是谁，你是怎样的人，以及如何管理你的需求和欲望。这给了你一个合作的坚实基础。

他人轴线也非常重要。每个合作都需要有他人参与，这也要求我们要发展关系和社会技能。这个范围包括了从不社交、对他人没有感知到完全感知、注意、确认和在乎他人。位于他人轴线最右侧的人有高度同情心，有支持他人的能力和站在他人角度思考的社会智能。在这个发展阶段，这个人通常是可信的。

在合作的第 4 象限，人们能够同时关注自我和他人。他们把自己的独立和自我力量同共情和支持的社会技能整合起来。这里存在着对自我和他人双重关注的力量，这种力量能够为了一个稳固的合作而激发、接纳、欣赏和信任彼此。位于这个象限的人同时有自信和值得被信任的特质。

合作的障碍会随着轴线的发展而出现。在自我轴线上，障碍来源于缺乏自我发展、自我怀疑、不够自信以及太过独立，因此就没有给他人留下空间。在他人轴线上，对值得信任形成的障碍源于对他人缺乏认知、对他人缺乏关注、不信任他人以及对他人过度看重（从而完全默认他们的观点行为）。

与自我有关的合作状态

在这个部分，我们会讨论一些对自我感知产生影响的合作状态——成熟、勇气、资源充足感、分享、风度、共享和主动性——并给你提供一些问题，以评估你在这些方面的进度。

1. 成熟，而非幼稚

我们合作的能力很大程度上依赖于我们的成熟和自我发展程度。这是发展心理学的发现之一。起初，我们太过受限、没有安全感以及太穷困，以至于没有办法合作。但随着我们的成长，我们开始理解我们可以通过共同工作和学习如何与他人相处来实现更多的事情。从发展的角度看，贡献和合作的能力指的是那些解决了很多早期挑战和需求的人，以及准备好要更加充分地进入社会维度的人。

- 你足够成熟去进行合作吗?
- 你对于什么是自己的东西非常敏感且小心眼，因此而不愿意分享吗?

2. 勇气，而非害怕

如果合作能产生如此之多的好处，那么是什么阻碍了我们呢？是什么阻止我们去合作或者成为合作型领导者呢？其中一个大障碍就是害怕这个合作的旅程会变得让人不快。人们会感到受伤或者精神上受到伤害，之后他们决定再也不要一起合作了。

当我们的生活中出现真正的危险和威胁的时候，害怕是一个积极有用的情绪。它可以给我们力量，让我们更加谨慎、避免不必要的危险并让我们做好准备面对灾难。相反，当危险只是人们的一种感觉而并不是真实存在的时候，那么害怕就变得不但没有必要，而且只会对我们自己造成伤害——对我们的身心都是这样。

通常，我们的问题处理机制就是去预测最坏的情况，从而避免糟糕的情况出现。我们害怕会被他人利用或者受到不公正对待。我们害怕对方会不履行自己的承诺。我们害怕如果对方让我们失望或者我们感到再次失望的时候，我们会无法承受。这种忧虑让我们不断质疑别人的动机。

从积极的方面来说，害怕可以警示我们去加强合作的边界，建立可靠的规则以及对于不好的情况做出风险管理。害怕有可能会导致团队中的秘密暴露出来，从而促使我们找到勇气去把这些隐患找出来，并进行处理。通过对焦虑事项的认知，我们可以进一步认清盲目乐观主义，就如何合作做出更加明智的决定。利用害怕情绪，我们可以测试出合作的力量。

- 你在多大程度上被害怕所驱使而不是被勇气所驱使？
- 你需要什么样的勇气去直面对合作的恐惧？
- 你是否有风险管理技能去调整害怕的力量？
- 你是否擅长区分真正的害怕、担忧及胆怯？

3. 资源充足感，而非资源匮乏

“资源有限，只有这么多，因此你拿走的越多，我剩下的就越少。”这种想法是一种根深蒂固的文化观念——人类历史上大部分时间，资源匮乏都是占主导地位的。在20世纪以前，大多数人认为资源、机会、互动、金钱、想法、创造力，几乎所有的事物都是匮乏的。有大量证据表明人生是一个零和游戏——也就是说，任何时候一个人的获得都意味着其他人的失去。这种态度严重限制着合作。它让我们看不到世界资源的充足性以及合作协同效应的丰富性。

资源充足是资源匮乏的对立面，是指一种充足感。这是一种更高级的人类需求——马斯洛称之为“存在”（being）需求。当我们满足一种需求的时候，需求就会进一步增长。例如，当一个音乐家学会了如何弹奏、谱写乐曲，其需求并没有就此消失。这不是一种匮乏性需求。这是一种充足性需求，我们得到的越多，想要的就越多。这是因为我们的能力在不断增长。我们不仅满足了需求的第一阶段，需求本身也在增长。

这种充足性需求状态发生在那些想要自我实现的人身上。一个有求知欲的人无法满足这种需求，因此这种需求不会消失——只会增长。他 / 她继续想要知道更多的东西，因此对于学习的能力也有所增加。所有的高级需求都是这样的，例如正义、公平、平等、与众不同、美丽、秩序、爱等等。

记住，我们的目标在于沿着自我和他人轴线向象限 4 靠近。

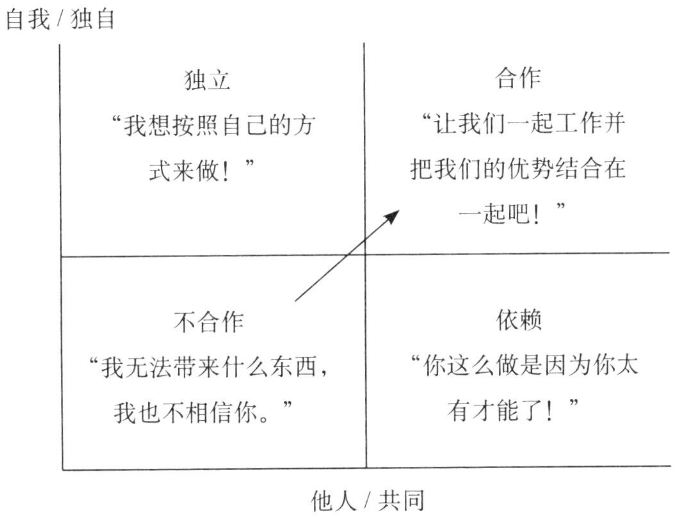

一个充足性思维需要内在的创造感（也就是“我可以创造更多”）。缺乏想象力的人们没有这种感觉，从而紧紧抓住他们已有的东西。对于他们来说，失去才是最令人害怕的事情。资源匮乏通常表现为占有欲和收藏癖，进而导致圈地和仓储的出现。这种态度是两岁小孩子才有的：“这是我的，我不想与别人分享！”这是由恐惧驱动的，害怕资源不够：“如果我分享了，我的资源就会变得很匮乏。”匮乏性思维的人最后会生活在一个人们不敢去分享的世界里。

从积极的一方面来说，匮乏性思维激励着人们去确保他们有足够的资源生活，以及知道如何避免资源流失。然而，从这点来说，要保持健康状态，我们必须要设定一些限制。

· 你最初是否处于资源充足的状态？

· 什么是充足？什么时候你才觉得自己有了足够的东西并准备好去分享？

· 你是否内心有充足感，或者你是否有错失了什么东西的感觉？

4. 分享，而非自我中心

在西方，个人主义态度有很长的历史。这加重了人们只想要独自完成工作且不信任他人的想法。极端点说，这种固执的个人主义阻碍了人们看到合作的价值。相反，社会认同团体和文化遭遇了另一个极端。一个人脱离了团队就什么也不是。一个人的身份、地位、价值都由其团队定位和决定，而不是其自身。

协同两个极端的状态是个人与他人同在。不成熟的态度把对自我的注意力放在对他人的互补需求之上："我必须让事情按照我的想法来发展。毕竟，我知道的最多。我比其他人更聪明。这是我的合作方式。"这种自大显露出了一种不成熟的自我感知，因此对"我"的注重事实上与他的发展层次是相适应的（即使这对于建立自我意识是一种不够充分的尝试）。自相矛盾的是，与这种状态相反的是强烈的自我感知——因为这给了我们合作的能力。一个适应能力强的人总有些坚实的东西可以提供给其他人。

傲慢的人通常对我们所没有的个人品质、特点和才能而感到自满。这通常是一种匮乏和贫困的标志。与其并列的是自信，通过自信，我们简单而不露声色地坚持自己的强项。傲慢是一种伪装，并且是一种非常低效的方式——用不成熟的自我感知去处理问题。它会遮盖我们看到他人优点的眼睛——他们的优势、天赋、贡献以及对团体带来的好处。傲慢是一种极端的自我指向，我们的注意力大部分都放在了自我身上，让我们看不到在自我之上的外界情况。它还严重限制了我们倾听他人的能力。

正是由于这个原因，傲慢让我们错失了很多机会。因为傲慢的思维模式会贬低他人，特别是他人的贡献，从而过高估计自己的才能，而贬低他人的才能。例如，尽管 CEO 李·艾科卡（Lee Iacocca）——克莱斯勒（Chrysler）的拯救者——不是一个合作型领导者，在亨利·福特解雇他的时候，他曾是福特的“统治者”，而他不光彩的离职困扰了他多年。他的第二任妻子让他忘掉这件事：“你没有意识到亨利·福特帮了你多少。被福特解雇带给了你很多东西。因为亨利·福特，你更加富有、有名气以及更加有影响力。要感恩福特。”

多伦·莱文（Doron Levin）在《坐在克莱斯勒的方向盘前》（*Behind the Wheel at Chrysler*, 1995）一书中说艾科卡（Iacocca）仔细观照了历史以及他将如何被后人评判和铭记。但是他并没有通过建立一个公司而解决自己的这种焦虑。恰恰相反：他担心他的手下会抢得成功的新设计的功劳，因此他不肯直接去支持他们。当克莱斯勒发展减缓的时候，他担心他的下属会成为新的统治者，因此他曾试图去摆脱他们。他担心自己会被克莱斯勒从公司的发展历史中抹去，因此他在失去了自己的影响力很久之后依然绝望地想要保住自己的 CEO 职位。

卡罗尔·德韦克（Carol Dweck）把李·艾科卡的例子当成是典型的“固定思维”。正是这种思维让他“到处横冲直撞、四处抨击”，因此他最后退缩成了“他曾批判亨利·福特的那种故步自封的、舍本逐末而又苛刻的暴君”。这显示出了象限 3 的想法和行为的局限性，对自我的关注控制了我们看待事物的角度。这使我们盲目，看不到他人，看不到人际关系，看不到融洽和默契，并且看不到所有那些对于创造合作来说非常重要的事物。

5. 风度：此时此刻而非自私自利

当我们只顾自私自利的时候，我们就顾不上、也没有能力去保持当下的状态。这显然会让我们眼里看不到他人，也看不到合作的机会。一个因傲慢而自私自利，导致悲剧结果的领导者是杰弗里•斯基林（Jeffrey Skilling），他是安然（Enron）的总裁和CEO。据说他有很高的智商，然而他却用自己的智慧去恐吓别人：“当他觉得自己比对方聪明的时候，当然大多数情况是这样的，他就会对他们非常严苛。任何不同意他观点的人只是不够聪明去‘理解’他的观点。”

就我们对象限3的思维限制的描述，这个例子又提供了更多论据。它显示了整合他人发展（象限2）与自我发展（象限3）的重要性。它还展示了只关注一条轴线而忽视另外一条会造成怎样高度扭曲的结果。

6. 共享，而非做一颗孤星

有些人把自己当成是“明星”。这样的人通常在自己的生活中表现得非常戏剧化，以让自己有活着的感觉并且作为一个人而受到关注。从积极的一面来说，我们可以把这看作是不惧怕站在镁光灯下，不会坐在后面成为局外人，有勇气站出来为自己争得一席之地。这也证明了他有能力去把戏剧化的东西融入团队中，让工作更加富有生气，给合作带来更多力量和生机。

然而，当这种行为过度的时候，它就会变成一种傲慢：“我要站在舞台中央。我是天后。我是危急情况下的主要救火队员。”这种傲慢寻求通过自命不凡的伪方法去解决我们作为人的价值问题，这个过程通常会加入某种形式的戏剧化的自我表现。

7. 有责任感的主动性，而非渴望权利

权利有其积极的一面：它可以驱使我们把控自己的生活。反过来，这会鼓励我们发展真正的回应他人的能力，这样我们就可以与他人共享权利同时又有权去做些什么。

但是如果由于无力感而出现了对权利的渴望或者防御之心呢？如果我们

在思考、感受、说话以及做事的时候缺乏信心，那么我们会把虚弱的感受错误引导至对他人施加权力或者试图控制他人的结果上。束手无策的感受会产生几种恐惧心理：对未知的恐惧、对无知的恐惧、对无法承受的恐惧。其结果就是，我们对权利的渴望发展成了对外在（而不是内在）权利的渴望。最终，它会致使我们变得教条、死板，不愿妥协或与他人配合。

8. 有勇气做自己，而非戒防

有勇气做自己包括对自己的天赋、才能和生活状况的基本接纳。从这一点延伸出有勇气视自己为一个个体，视自己为个人，并无条件地坚持这一点。这使我们免于一次又一次地证明自己。

当我们有戒备心的时候，我们会把说的话或做的事情变得个人化。这反过来会让我们对于批评变得非常敏感，并且过于急切地把事情看成是一种个人攻击（也就是说，我们的行为是有条件的）。然后我们就会活在戒防的状态中，对于每个感知到的花招都反应过激。而且，我们的不安全感意味着我们对自我的过度保护。其内在假设是："我需要保护，我身处危险当中，我周围全是敌对力量。"

与他人有关的合作状态

促成合作的另外一组状态是跟我们与他人之间的关系有关。这些状态支持着我们的社会智能和个人技能。[1]

---

1. 在《大成培训》第10册——《小组和团队培训》（2013）中，我为团队中的信任问题创建了一个模型。利用7个团队动力和信任螺旋模型解释了一个个人组成的团队如何成为了一个有效的工作小组以及有效的团队。——原文注

1. 设身处地的同情，而非社会技能缺失

合作需要社会意识和社会发展。合作的一个内在障碍就是缺乏社会发展。尽管我们生来并没有社会性，但这是我们内在急需的一种潜在需求。它起始于我们如何思考和理解他人，以及我们发展在乎、联结、同情、倾听、沟通和支持等技能。

在我们刚出生以及整个婴儿阶段，我们在某种程度上还依赖他人，无法进入一段互相满意的对等关系当中。那些阻止我们的社会性发展（例如社会智能、社会技能）的事情，同时也阻碍了我们作为独立的成年人去有效合作的能力。

丹尼尔•戈尔曼（Daniel Goleman）写了大量有关社会智能的文章，包括智商（IQ，intelligence quotient）和情商（EQ，emotional quotient）。我们的社会智能源于我们的智力发展和情感智能，但是社会智能与二者相比内涵更加丰富且有所不同。这是我们理解他人的能力，是跨出"第一位置"（我们只从自己的角度出发看问题）并跨入"第二位置"（我们从他人的角度出发去思考问题）的能力。当我们可以在智力上从他人角度思考的时候，我们就可以克服无法回应他人需求的障碍。我们就可以意识到他人也会像我们一样有需求，他们的需求和我们的同样合理。

下面，我们就到了下一个障碍"社会懈怠"。这是指小组（家庭、俱乐部、协会等等）中的消极成员，他们把所有工作都推给其他人，自己搭便车。也许在一定时间内这样做是可以的，但是持续下去就成了一种不负责任的表现。被动接受他人想法、行为和投资的收益有可能会成为一种熟悉而舒服的状态，甚至是习惯。如果我们持续只收获不付出，我们也许会"得知"这就是事情的运行方式，或者更糟糕的话，认为这是事情应该有的样子。我们也许会假装我们有权受到这样的照顾。当这种失衡的权利感导致当他人无法支持或回

应我们的需求时，我们会变得不耐烦，或者是当别人要求我们站出来负起自己的责任时，我们会觉得受到伤害。

因此，一个人对于权力的态度越强烈，他就越没有合作的能力。他会期待其他人承担大部分工作和活动，甚至如果有人要求他去承担一部分的话，他也会觉得受到伤害。他觉得自己有权力受到更好地或者优于他人的对待。

2. 庆祝他人的成功，而非嫉妒

当我们觉得嫉妒的时候，我们对于他人所拥有的东西表现出一种无法忍受的情绪，因为我们也想拥有。我们觉得“只要你有我没有的东西，我就觉得极其恼怒。”出于对方的天赋、能力或者成功给我们所带来的痛苦，我们甚至可能会暗中夺走对方所积累的东西。其结果就是，嫉妒使我们无法从他人的能力、智能和成功当中学习或受益。如果我们可以接受、欣赏和汲取他人的优势，把它们当成是合作的馈赠，那么所有这些都能有所改变。

当我们感受到仁慈善意(例如爱)的时候，我们会想要给他们最好的东西，不把他们的成功、成长或者安康看成是个人的损失。克服嫉妒需要大量充足的爱心。

3. 放下过去，而非怀恨在心

当我们怀恨在心的时候，那些过去的情感——例如痛苦、生气、恐惧和怀疑——都会因为一次又一次的想起而保持历历在目：“我拒绝跟你合作。你还记得你让我非常生气（或者其他一些负面情绪）的时候吗？”就像是昨天刚发生过一样！人们会抓住那些过去的负面感受，一次又一次体会它们，从而加深自己的情感痛苦。通过这种方式，我们会对对方维持这种负面情绪，使其阻止我们与那个人重新产生新的更友好的关系。要摆脱这一点，问问自己一下这些问题：

- 我需要这种感受吗?

• 这变成了我的一种习惯吗？

• 这是否能展现出我最好的一面？它是否能提高我的生活质量？

• 由于我的这种态度和情绪，我为此要承担哪些结果？

这种记恨情绪的积极方面在于它表明了某些没有完成的事情。其解决方法是找到是什么引起了这种记恨情绪，之后利用你心中的这种情绪去做出内在的必要的改变。

4. 开诚布公，而非别有动机

当我们做事别有动机的时候，我们就不愿意向他人展示我们真正的想法、感受、计划、欲望等等。这让一些人有种能凌驾于他人的假象，因为他人隐藏了自己真实的想法和感受。其假设是："信息就是力量，如果我隐瞒了我所知道的信息，我就有了更多力量。"这种别有动机也可能受恐惧驱使："我不会暴露我的真实想法和感受，因为你会用它来对付我，这会让我没有安全感。"

开诚布公并不意味着我们要时时刻刻对所有人展示所有的事情。我们可以同时保持信息开放，而又存在机密信息。保守秘密，不把你知道的泄露给他人是一种能力和技能。

开诚布公和教条主义也是对立的。现今我们很多人为了支持自己的立场并且让他人参与到对话当中，采取了过于敌对的方式。就好像作为一个社会，我们已经失去了公众有效参与的艺术。在政治上这一点尤为正确、极其真实。政治对话充斥着斗争冲突，以一种争强好胜的方式运行着，使我们与参与感相脱节。它经常太过激烈抨击，太过非此即彼，因此它既难以产生效益，又同样容易产生分歧。我们逐渐通过社会话语摧毁彼此之间礼貌而脆弱的社会纽带。

5. 主动，而非社交蝴蝶

高社会智能并不等同于做一个"交际花"。这个短语指的是某人从一个地方跳到另一个地方，从一个人那里跳到另一个人那里；或者指的是某人是个话匣子，天生能说会道。交际花的问题在于说得太多，喋喋不休，但是很少去实际做事。合作中“干活”的部分省掉了。这是一种伪合作：说一套，做一套。

6. 为他人庆贺，而非社会性自私

社会性自私是以自我为中心的一种形式，带有傲慢的不同形态。有这种态度的人（有时叫作禀赋效应）相信只有他人做出的贡献才是有效的并且有用的。这来源于他们感觉自己被赋予了“馈赠世界”的天赋。

在商业中，这种人会采取“开发者的诅咒”的形式。一个创业的企业家也许会觉得他做事的方式或者有关未来的想法代表着未来发展的唯一一条道路。尽管一个人可以在社交场合与他人互动，甚至是有所付出，但是他们这种固执的态度会阻止他人为团队作贡献。

成为合作型领导者，下一步你要做什么

考虑到为了合作你需要处于正确的心理状态中，合作不会随随便便发生就不足为奇了。你还必须要避免处于错误的状态，因为这也会阻止健康有效的合作的出现。一个坚实的合作需要人们有开放的态度、不断学习、不断发展并且有安全感。它还需要卓越的领导状态，能够使得人们去跟随自己：

· 信任别人对你来说有多难或者多容易？

· 你信任他人的基础是什么？是无条件的还是有条件的？如果有条件，条件是什么？你的条件有多现实？

· 你相信自己在合作中会是一个好的伙伴吗？

· 你值得信任吗？你会兑现自己的承诺吗？

· 你是否可靠？

- 你增加自己信任感的策略是什么？
- 你在帮助提升他人的可靠性方面，有什么样的技能？

第 11 步　终极目标：成为合作型领导

总体上，你需要确定你的队员受到了鼓舞，并且有进行创造的自由。毕竟，你的新事业的成功依赖于这种最重要的伙伴关系：你和职员的关系。

——理查德•布兰森

就像我们整本书都在讨论的那样，你相信成为合作型领导是一个领导者的终极挑战吗？想想这两个术语——领导和合作——是可互换的。我们用另一个术语来定义这一个。真正的合作就是领导人们一起工作。成为一个领导者就是为了一个共同的目标而与他人合作。

尽管你可以不去合作就能实现目标和期望的成果，但是如果你不合作，你就会一直处于未完全发挥出自己潜力的状态。如果你不去面对靠他人工作并且与他人作为伙伴共同工作的挑战的话，你的许多内在潜力和才能就无法发挥出来。结果是什么？你内心还有许多乐章从未被触碰或者演奏出来，你将过着这样的生活直到死去，你身边处于同样境地的人也会是这个结果。

如果你想要成为一个终极领导者，领导他人实现一个高尚的愿景——比单个人能够实现的更大更辉煌的愿景——那么你就要开始意识到合作至关重要。你在乎你的领导方式是非常重要的。当你领导团队的时候，你在乎你所建立的与他人之间的关系类型和质量是非常重要的。你在乎自己能够留下的遗产是非常重要的。

当你的领导风格不是合作型的时候，你会退回到四处对别人发号施令的状态，成为一个心胸狭隘的暴君。其原因显而易见：短时间内，这样简单快速；然而从长期来看，这种做法非常低效。当你默认命令—控制模式的时候，你的运作方式就会丧失人性，而不是尊重他人。其结果就是你会导致他人消极抵抗而非合作——因为如果你不同他人合作的话，那么你很可能会为了自己的目标而把他们当成工具去利用。

如果你已经发现了命令—控制式领导的局限性，并且已经准备好尝试一种更加有效的领导方式了，那么这就意味着当你沟通、决策、管理和领导的时候变得更有合作性。

合作和合力劳作有关——也就是和他人一起劳作——做一个好的团队合作者。团队仍然有人领导，但同时你跟他人配合去实现比你自身更加伟大的事情，或者实现共同利益。因此合作需要成熟的情感和社会智能。合作型领导需要很多技能，代表了领导力的更高形式。

当使用合作型领导风格的时候，你仍然需要作为领导去做决定，但是当你做决定时，你会考虑到他人的想法、感受、价值观和需求。这意味着你位于第二感知位置（从他人的角度看问题）——这是共情能力的基础。这还意味着要配合和支持他人的领导，从而实现共同领导。作为团队一员，你从仅仅关注自身转换到对他人和更广大集体的利益同样关注。

这和乌班图的哲学理念非常相似——“一个人之所以为人，必须借由与他人的互动表现出来。”这种思想是说，尽管看起来我们很多事都是自己完成的，事实上我们之所以是自己，是因为我们作为个体的定义被千万个与我们相互连接的人所丰富和赋予。理查德•斯坦格尔（Richard Stangel）在《曼德拉的礼物》（*Mandela's Way*）一书中描述了曼德拉对于乌班图的理解：

从儿时起他（曼德拉）就明白合作型领导有两个关键点：相对于个人来说团队是伟大智慧的结晶，以及在任何由团队共同实现的结果中，团队共同的投资更大。这是一个双赢。

乌班图鼓励我们不要把他人看成是一个个体，而看成是一个非常复杂的人类关系网络——更大的人类社区——的一部分。毕竟，我们生活在层层镶嵌的人际关系系统当中。我们与他人捆绑在一起，因此“我”总是存在于“我们”当中，没有人是一座孤岛。

最终，合作是从我们在乎并热切期望的事情中获得价值和成果。为了做到这一点，我们需要学习如何利用并释放人类差异中的资源。这是在自我—他人合作背后的协同作用。

合作型领导是一门复杂的艺术，因为我们从中学习如何发掘他人内在的宝藏（人力资源）。我们应努力展现出他人最好的一面，帮助他们释放自己的才智、情绪和个人资源。合作型领导者允许他人有自己的独特差异，为了集体利益而把他们融合在一起。作为一个合作型领导者，你要把人们统一到一起，利用他们的创造力使不可能成为可能。

第三部分

未来的挑战

第 1 章　如何应对合作中的失误

因为合作实在太难了，所以伙伴关系通常会失败。

——戴维·阿彻、亚历克斯·卡梅伦

一个悲伤而不幸的事实就是，合作也确实会出问题。这不是不经常出现——这种情况事实上经常会发生，以至于很多人面对合作完全止步不前。他们担心各种潜在问题：如果合作最后变成灾难呢？如果其他人利用我呢？如果我们投资了最后却损失了资金呢？如果我们失败了而毁了自己的声誉呢？

现在当我们提到合作的时候，信任是占主导地位的。因此，是由于缺乏信任导致对人们一起合作的有效性产生威胁。任何对合作产生破坏作用的事情都会对团队造成损害。那么是什么破坏了信任呢？是什么削弱了你对自己作为合作一方的信任感呢？是什么削弱了你对他人作为合作一方的信任感呢？

过犯与忽视

在失败的合作方面，有些事情是我们应该做却没有做（失职之罪）或我们不应该做却做了的事（过犯之罪）。失职是指有些对有效合作来说必备的因素被我们忽视了。如果有这些因素在的话，我们可以显得更加值得信任。过犯是指我们有些作为会降低合作的质量——这些行为会危害信任、损害合作。

1. 过犯类别

过犯之罪是指违背、破坏和干预了有效合作的行为。它们通常源于消极的情感状态，例如害怕、嫉妒、妒忌等等。它们包括：

• 为了合作而合作，或者因为我们应该或希望合作而合作。而事实是当我们合作的时候，我们应该是出于诚意。我们合作是为了在差异中创造协同，对世界产生积极影响，并完成我们独自一人无法完成的事情。

• 利用合作在暗中为自己谋利。这是我们妨碍合作的例子。

• 由于害怕与他人产生亲密关系，或者是无法敞开心扉，因此不让自己在合作的过程中表现坦诚，丧失安全感。

• 在为实现愿景而向前推进的过程中，不可避免地遭遇了失望、挫折或者挑战之后，无法适应重整旗鼓。

• 无法在合作者中保证足够的多样性，因此没有足够的才能和技能做补充，尤其是那些实现目标所需要的技能。

• 由于缺乏相应的知识或者没有运用应有的技术，而无法以互相尊重和高效的方式克服冲突完成工作。

• 出于对资源匮乏的信念而工作。因为它假定这是一个零和游戏，因此它会创造出一种非赢即输的框架。

• 不奖励他人的怀疑精神。

下面是另外一些会导致合作失败的过犯行为。

2. 高人一等的作风

在与他人的关系中表现出高人一等的作风是一种竞争和比较的表现方式。

它运作的方式是假定我们与另一个人互相竞争，而不是共同合作——也就是用我们相比较来说最优秀的能力去为更大的集体做贡献。高人一等的作风还假定我们处于零和游戏当中，因此不管是谁有所获得，都意味着我有所损失，不管我给予别人什么，也都是从自己这里付出。当我们处于合作中的时候，不应该是我们给这个合作带来多少才能，而应该是由于我们处于合作之中，因此会有多少才能被释放出来。

3. 筒仓心态

一个组织内部的竞争会导致筒仓心态，因此一个企业内部的一个部门或者附属公司会为了资源和管理层的关注而与另一个部门竞争。其假定条件就是我们不是为了企业的整体利益而工作，而是与彼此竞争。例如每个部门都想要获得大部分预算，因此其他部门获得较多预算的时候，我们得到的就减少了。

当这种心态影响整个组织的时候，它就会与合作产生对立。人们也许可以和睦相处，但是工作的方向或者成果是不同的。在这些情况下，整个组织会变得混乱失调。汉森（Hansen，2009）说索尼的公司文化就遭遇了筒仓心态。这造成了一种狭隘的“超强竞争”文化，公司里每个人都竭力互相竞争，“想要胜过彼此”。他说：“这对任何合作来说都是不良的文化环境。”

筒仓心态很明显和合作性思维是相反的，因此对抗它的手段就是合作可以带来更大的视角。要意识到在任何一个大环境下，筒仓心态都会出现，这样有助于人们在同一机构内部停止与他人的竞争。下一步就是在机构内要互相支持，从而接纳“我们都身处其中”这个更大的框架。

4. 得体沟通

“得体沟通”的矛盾点在于它往往不那么得体。事实上，从产生并使用话语以留下积极印象的意义上来说，它更有点政治意味。只有在它遵循礼仪并且（表面上）显得“合适”的意义上，它才是得体的，即使它不诚实或者可信。真正的合作通过开放、诚实并坦率地说出实际情况而持续运转，而不是为了影响他人而试图造出虚假的印象。

5. 忽视类型

忽视之罪是指如果我们要有效合作，就存在一些本需要注意的事情被忽略掉了。合作不仅仅会因为出现了造成损害的事情而失败，还会因为某些事情没有出现而失败。要求的事情没有做到，意味着我们没有把必要的注意力、精力和关照投入到这个混合的团队中，以使合作顺利进行。这也许会意味着未能做到以下几点：

• 为合作设立一个大胆的愿景。

• 围绕热情创立一个合作。

• 管理合作成员的个人主义——特别是，那些失控的像广告牌一样到处招摇“我先来”或者“我能从中得到什么”的行为。

• 抓住一个愿景，使得人们一起合作比单打独斗要得到更多。

• 为与他人合作而发展必要的社会和交际技能。

6. 消极方案

所有这些有关合作会失败的信息给我们了一个“警告方案”，有关如何毁掉一个合作：

• 以最坏的意图推测他人。警惕他人如何从你那里偷走你的东西（例如知识产权、荣耀和赞誉）。

• 假定他人怀有恶劣动机。假定双赢思维非常愚蠢、不切实际和幼稚，不管他们说什么，其他人并不十分在意合作。

• 害怕任何从合作中产生的东西终将会失去（例如你的声誉、产品、知识产权和人脉）。

• 反对任何没有明确促进你或你的地位上升的事情。仅从你“获胜”并且从中获得利益的角度去思考。

合作型领导如何避免失败

正是因为合作有时候可能会失败，因此我们需要合作型领导者准备好迎接挑战。我们需要有见识的领导者知道事情会如何走向失败，能够熟练地在第一时间创造出防止问题产生的环境，并且熟练处理任何出现的问题。

领导者需要提早意识到恶劣趋势，创建一个防止事情恶化的公司文化。合作型领导者必须尽快主动改正出现的问题。为了做到这一点，领导者既需要具备对危险行为和令人担忧的人际关系的观察技能，又需要勇气去在它们失控之前就截住这些问题。

所有这些都以问题出现的时候，合作型领导者愿意并且能够主动有建设性地解决冲突为前提。这意味着要敏锐地了解和管理人们的差异，去创造一种公司文化，在这种文化中，冲突能够被尊重，能够得到有效的处理和解决。

合作型领导者不能盲目乐观，单单假定由于拥有伟大的愿景和优秀的人才，合作就一定能成功。未发展（或发展不够）的人性通常会退回到自私和贪婪。你和你的团队有方法处理这个吗？你会需要一些合作者，他们有自知、坦率、正直、有耐心、坚持不懈并且对合作和愿景有责任感。

成为合作型领导者，下一步你要做什么

理解合作中哪些事情会出问题，能够使你更加小心避免那些陷阱。当你知道与他人合作有多种失败的可能的时候，你如何对这些可能性保持警惕？你如何利用这个信息作为早期警示？最终，合作需要信任他人，需要双方互相信任，需要相互信任的文化环境以及对于值得信任的人的尊重。

第2章　如何辨别合作的真伪

为什么这整个过程这么艰难？原因有许多……你必须要放手信任你的同伴，你必须要跨出自己的舒适区。

——戴维•阿彻、亚力克斯•卡梅伦

合作需要不同类型的领导力。而且，并不是所有被称为合作的事情都是真正的合作。还有些假合作经常与真合作混淆，例如当人们相互配合一起工作的时候结成的联盟。还有伪合作——尽管他们不是真正的合作，但他们经常看起来好像真的一样。

那么，我们如何从真正的合作中区分出伪合作呢？这里有一些信号警示着你们的合作可能并不是真正的合作：

•谈论合作：有些人使用合作语言，这样你们有关与他人互动的谈话听起来好像是合作。但事实上，这仅仅是说说而已。也许谈话非常激动和鼓舞人心，但最后也仅此而已。说一套，做一套。

•广泛共识：有时候为了达成组内成员的一致意见，我们会寻求降低愿景、标准或者与他人的合作质量。这只是广泛共识，不是真正的合作。

• 关系网：别把交际花、打成一片和认识很多人与合作弄混了。这只是建立人际关系网，不是合作。

• 单一领导团队：有些人把领导团队实现一个目标或者成果搞错了，把它称之为合作。这只是一种伪合作，不是真合作。（警告一下，这也并不意味着每个人的技术、知识、专业等能得到平等对待。）

• 提建议：大胆对个人或团队提议加入项目与合作不是一回事。

• 委托：合作不仅仅只是让人们按照你的指示去做事，或者把任务委托给他们。

合作性谈话

所有的合作都起始于谈话，因为它们都是从一次对话开始的。但如果它们仅限于谈话，那也就没有意义了——话语、话语、更多的话语（通常是在无休止的会议中）。对于所有有关实现愿景或梦想的讨论，它们都不是合作。

是什么让人们没完没了地说，但没有实际行动呢？讨论一个想法，与他人共同畅想一下，感受到友谊、情分和归属感等等，这些是非常让人激动的事情，又快又简单。另外一个可能是当谈话进入实施阶段的时候，一些人会害怕。现在事情快要实现了。现在这些讲话的人被要求去实际做点什么，这充满了恐惧和奉献精神。因此他们犹豫、拖延、退缩，问自己："我们准备好了吗？我们真的可以做到吗？我们在想什么呢？我没有时间、资金和精力去做这些！"

合作失败的方式之一就是人们谈论合作时像模像样，但实际上并不是真正的合作。一个人说话的时候可以用"我们"这样的词语，并且设立一个共同的愿景，但他仍然不是一个合作型的员工。言辞正确而行为非也。人们赞同那个想法，但却不照着做。[1]

在我们第二次 NLP 峰会上，我们交流了好几个小时。但是尽管谈话内容非常密切且有吸引力，仍然只是谈话而已。就在那个时候，雪莉•罗斯•沙尔韦（Shelle Rose Charvet）站起来说话，给了我们所有人一个挑战：“好吧，那么谁准备去完成我们刚刚选出来的 5 件事情，以及准备什么时候完成呢？”一下子，谈话就上升到了现实层面，从谈论中跳脱出来进入到行动阶段。

在团队中寻求共识

很多人会把共识和合作搞混。他们觉得如果他们合作的话，每个人都能达成统一意见。这种前提是没有共识，就没有合作。“如果我们意见不统一，那么如何合作呢？”然而，这两者是不一样的：合作不是共识。合作也不应该和团队完全达成一致意见相混淆。这是一种对付平庸的方式。

令人惊奇的是，其完全相反的一面恰恰是正确的：合作因差异而成长。事实上，合作需要差异，这也就意味着没有共识。为了合作能够真实有效，它必须接纳差异、意见以及很多人的强硬观点。我们恰恰是把所有人的差异集合起来，创造出远超于我们任何一个人的事物，以此来进行合作的。这与共识完全相反。

朗•里奇（Ron Ricci）和卡尔•威斯（Carl Wiese）在《合作势在必行》（*The Collaborative Imperative*, 2011）当中说到这个问题时，更加直白地表明

---

1. 还有一套象限是自我实现象限，是我根据意义和表现轴线发展出来的。意义轴线指的是一个人给自己的所有行为所赋予的意义和灵感。意义越丰富，灵感就越多，我们的理解也就越丰富。表现轴线描述了一个人谈论行为、做法和融合等的时候，他的具体行为是怎样的。这形成了一个自我实现象限，包括为发展者（象限 1）、行动者（象限 2）、空谈者（象限 3）和自我实现者（象限 4）。例如在空谈者的象限内，一个人只夸夸其谈但没有实际行动，他知道该怎么做但从来不去实施。——原文注

"共识是合作的敌人"。他们继而观察到一个团队"通常可以快速达成中立的一致意见，但是当有不同意见的人也服从于那个共识的话，你就失去了多元的价值意义。"

如果目的是达成共识的话，我们通常会减少差异，直到每个人都可以就最低共同标准达成一致。取得共识与合作不同，因为共识寻求的是对于单一的认同。这在一个真正的合作中是完全不一样的，在真正的合作中，我们投入其中并通过接纳和探索差异而加以善用。

建立人际关系网

合作也容易和构建人际关系网搞混。真正的合作和关系网需要与人互动。合作确实需要人际关系和社会技能，并且在人群中去争取、联系、邀请以及保持沟通，看是否能找到共同的愿景。毫无疑问，如果有一定的社交风度和礼仪的话，这个过程会更加有效。

但是当我们合作的时候，重点就是要齐心协力作为一个整体而共同努力地工作。这不仅仅是一起喝下午茶。这也许开始于饮水机旁或者酒吧中，但绝不仅限于此。而且如果人们不知道如何从社交礼仪中出来，转移到实际的艰难工作、紧张热切的沟通并且对于时间、人物和事件做出艰难的决策的话，合作就永远无法取得进展。就像莫滕•汉森（Morten Hansen）观察到的："合作的目标不是合作本身，而是取得更好的结果。"

领导一个团队

领导者们可以以自己为中心把大家聚集起来（或者以一个想法、项目或者一段冒险为中心），之后引导这个团队去完成一个重要的成果。但是在一个单一领导者团队中，即使是一个有效的团队，也和那些多元化的人为了一个共同的愿景而形成的合作是不一样的。一个强大有说服力的领导者也许可以让人们以这种方式聚集起来，但其结果是服从而不是合作。他们也许可以很好地交流和工作，但他们也可以是一个委员会或者项目组。

合作与每个人和其他人的相互连接和相互关系有关。相反，在单一领导团队中，所有的人际关系都是从领导出发到每个员工那里的。员工之间也许并没有很多互动，其之间可能也没有合作。

米开朗基罗就曾以这种方式“合作”，他和13位画家一起绘画，他们帮他完成了他的杰作。他的传记作家威廉•E. 华莱士（William E. Wallace）说他是一个“规模较大的创业型企业的领导，合作创造出了以他的名字命名的艺术作品”。与其说是合作，倒不如说它是由单一领导者领导的高效运作的小企业。它并不是一帮领导者之间的合作。

托马斯•爱迪生也是一个不完美的合作者。他也是作为单一领导者去“合作”的，但是由于他太固执于自己的想法和运作方式，因此他并不能够十分欣赏和享受他人的成功。其结果是，他对于所有那些由他雇来的人生产出的专利和商标，他也都将其归自己所有。在与和他一样聪明的人沟通方面，他不允许自己受对方想法的影响。例如，对于特斯拉发明的交流电，爱迪生不会也无法忍受跟他一起合作。他固执地拒绝合作，因为那样一来这个伟大的想法就归功于他人了。

委托

委托不是合作（正如在这里我们使用的这个术语），即使你可以让人们参与到一个活动当中，并且为表现成果负责。告诉某人怎么去做，然后把任务委托给他们。尽管这其中有着配合和团队精神，但跟合作并不是一回事。

很久以前，我们共同在一个会议的晚间汇报中就合作的主题进行过学术汇报。当我们开始问答环节的时候，一个人站起来说他参加过很多合作。他说："所有我经营的生意都是建立在合作的基础上。我把年轻人聚集到一起，然后告诉他们我们要做什么，告诉他们我们将共同组成一个整体，之后我给他们具体的指令。我们像一个公司一样有着良好的合作。"

很显然，这是一种对委托的描述，而不是合作。一个单一领导者按照自己想要的方式去组织自己的企业。这也许很有效，但并不存在彼此合作创新，这不是合作。

成为合作型领导者，下一步你要做什么

尽管合作有很多不同类型，但还存在着伪合作会让我们误以为我们在合作，而实际上并不是。这里有一个核对清单帮你评估一下你的合作的真实性：

• 我是否只是谈论合作，但并没有真正去做？

• 由于我们在减少差异，并且通过对彼此友好相待而达成一致，那么这种所谓的合作是否实际上是共识？

• 我们实际上是否在建立人际关系互动，因此重点被放在了有美好的经历而非为共同的愿景而一起工作上面？

• 我是否是一个团队的单一领导者，或者是否存在组内成员的共同工作？

• 我们是否只是为了共同的目的而整合事务，而不是创造真正的合作？

• 我是否只是在委托事务，而并没有寻求对决策的共同理解和分享？

第3章　如何化解合作中的危机

关于领导力，首先要明白是什么，然后才是怎么做。领导者做的每件事都反映出他/她是什么样的人。

——沃伦•本尼斯

合作在最佳阶段可以是一段开心而激动的经历，在这个阶段有一个令人激动的共同愿景以及很多优秀的人，他们的性格刚好能够相处融洽，使得工作过程有趣而欢乐。但是当目标开始不那么清晰，当一些合作者关系不那么顺利，或者是当有了时间紧迫感的时候，即使是在最佳阶段，合作也会变得更加有挑战性。如果我们需要在危急时段合作的话，我们如何保证合作仍然是高效的？我们作为合作型领导者需要做什么呢？

有时候我们无法选择合作的时间、地点和合作对象。偶尔一个问题出现了而我们无法独自解决，那么我们必须彼此配合。当这种事情发生的时候，由于我们都处于压力之下，每个人都感觉非常焦虑，我们也许会发现我们还没准备好，他们也没有准备好。那么然后呢？我们在这种情况下如何保持良好合作？

危机类型

要求合作处理的危机有多种形式。简单来说，我们把危机主要分为3类：急性的、慢性的、复杂系统性的。

1. 急性危机

在急性危机中，问题非常紧急。问题出现得很突然而且通常会吓我们一跳。一般而言，当一个问题让我们感到吃惊的时候，说明我们并没有做好准备。我们感觉措手不及是因为我们的大脑还在想别的事情，然而突然我们要处理这样一个紧急情况。而且，我们必须与他人合作和配合来找出一个解决方案。

急性危机好的地方在于，它可以让你确切知道有些事情出了问题需要解决，没有模棱两可和困惑。通常，由于某种紧张和压力到达了临界点的时候危机就出现了，不管之前是什么阻止了灾难现在也都不管用了。你瞧，灾难已经到眼前了。危机可能会发生在生活的任何一个方面：个人、财务、法律、事业或者员工（例如，有人离职或者生病）。

现在，你必须与一个或多个人创立一个新的合作。你们必须携手明确出现的问题，集体讨论可能的解决方法，然后一起实施这个解决方案。

2. 慢性危机

慢性危机意味着方法出现问题但还没有显露出来。相反，它会在事情背后慢慢发酵，并在未来的某个时间点显现出来。慢性危机的问题在于人们通常并不觉得它是一个危机。没有危机感，因此很容易就把它们放到一边，甚至完全忘了。在生活众多方面，都会有完全看不到的问题存在并滋长。高血压就是这样：你感觉不到，也看不到，并且在潜伏期可以没有任何症状地生活多年。

慢性危机非常含糊和不确定，你并不能完全确定它会以何种方式出现，甚至你也不能确定是否会有一个爆发的点。你也许会对自己说："也许它表现出来的就像是打了一个小嗝，并不是什么大问题。"还有些时候，也许人们已经开始合作进行问题处理，但现在又停滞了。因为看起来没有起什么作用，其显露出的信号是人们觉得一起工作没有那么快乐了。

一些复杂的因素一起作用会使得慢性危机更难对付：人们会越来越拖延，因为问题看起来不那么紧急，希望它可以自己解除，或者其他人能够解决它，大家并不把它当回事。

3. 复杂系统性危机

危机的第三种形式就是体系中掺杂了多种因素和数不清的潜在关系。在这种情况下，任何轻举妄动都会使危机加深，因此如果我们没有小心翼翼地对待这个危机，那么我们就会使这个问题更加严重。

健康恐慌就是一个例子。比如说我们觉得自己的肺好像出了问题，因此我们去找了一个肺部的内科医师。但是如果这个肺部医师没有考虑到其他系统性因素的话，其治疗方法很可能会造成肾或者身体其他器官出现问题。其危险之处在于不能有足够多的专家一起合作诊断，而是太过依靠，或者说单独依靠一个专家进行诊断。

4. 复杂因素——时间

通常，总是让问题成为危机的因素之一就是时间。当一个危急情况出现的时候，我们必须当即做出反应，没有时间延迟——必须立刻采取一些措施。我们没有选择，只能行动。我们现在如何去改善这个问题呢？

由于一旦我们做错了什么，我们就可能让情况变得更坏，也许是非常糟糕，因此危机就被放大了。仅仅是有所行动就会激化问题，那么我们越紧张，我们的思考就越低效，我们解决问题的方式就越模糊和主观。

做危机中的合作型领导者

作为一个领导者，如何在危机中成为一个合作型领导者呢？你如何与他人一起尽可能有效地处理危机呢？这里有一些想法和建议。

1. 与敌人的敌人联系

合作在危机当中会出现非常奇怪的形式，有时候会出现同床异梦的情况。我们把这叫作“合作冤家”。一个特例就是帮助第二次世界大战胜利的合作。想想因合作击败了希特勒和纳粹政权的“三巨头”同盟国：英国、美国和苏联。如果“敌人的敌人是我的朋友“这句话有实证的话，那这件事就是。

尽管二战被视为是对极权主义斗争的胜利，但实际上可以换一种方式去看待它。我们可以把这场战争看成是两个极权政府之间的力量较量：德国的希特勒政府和苏联。其胜利是一个极权政府压倒了另一个。对极权主义的最终胜利直到 50 年之后才出现，如柏林墙倒塌、苏联解体。

所以说，合作并不总是由朋友、同盟或者彼此友好的人所组成的。有时候，就像二战期间的同盟国一样，合作也许是在非常不同的团队之间形成的（或者说，实际上完全不同），在他们之外有一个共同的敌人。

2. 开发并展示自己解决问题的灵活性

在我们写这本书的时候，我在康涅狄格州的家里，位于我房产区域内的一口井开始往外溢水，情况紧急必须要马上解决。由于我必须要处理这个危机，因此我写书的计划和时间安排都被打乱了。然而对于问题的解决本身就存在一个问题——也就是，我并不知道怎么处理。所有涉及处理这件事的人也都不知道怎么做。有些人大概知道一些，但是没有一个人完全知道这到底是怎么回事。因为不同的人所了解到的事情不一样，因此各类人被迫聚集到一起合作处理这个问题。

这非常像一个犯罪现场，警察找来了不同领域的专家——他们每个人都有一定用处，尽管他们彼此本身没有联系——并且每个部门或者小组都可以找临时的专家来。每个人都了解问题的其中一个方面，因此我们需要一个深入的交流沟通，使得所有人都能够表达自己的意见，之后再得出一个解决方法或者结论。

这个过程显示出了一个特定的危机——就是盲目得出一个不成熟的结论，并且急着去解决问题。在这种情况下合作的挑战性就在于我们在还没有掌握所有需要的信息的时候，就冒险做出仓促的决定。然而我们必须要有所行动，那么我们现在要做什么呢?

在每个合作当中，人们提供自己的见解、理解和专长，而他们的背景各不相同。合作型领导者的艺术就是总结所有人的观点，避免让一个人的专业理解与另一个人的相冲突，并且不要把自己的观点强加给别人。其必备的态度是：“我手中只有拼图中的一块，不是所有，我还需要其他人手中的那些拼图。”这有助于所有人避免急躁地得出评论。通过所有人暂且保留自己的观点，我们能够为更加全面系统的结论让出一定空间。

因此，要竭力从众多有意义的资源中尽可能地获取你需要的信息。如果你时间有限，就要尽可能快速地获得信息，不要因对一种信息有偏见而忽视另外一个，因为这会导致丢掉了可能的解决方案，得出错误的结论。也许可以试试让某人扮演支持反对方观点，以此来不断测试团队想法的正确性。

3. 处理危机的风险控制技能

很显然，危机并不是开始一段合作的最佳时机，但是有时候我们别无选择。通常，正是由于危机的出现要求我们进行合作。这也正是我们之前花在准备意外情况上的时间有所回报的时刻。优秀的风险控制技能是指例行评估未来可能会出现的问题，并且做出应变计划。问问你自己：“有哪些因素出现会干扰我们的计划？事情会如何恶化？我需要准备什么样的应变措施？”为了以防万一，要不断确认有计划 B 和计划 C 作为后备方案。

成为合作型领导者，下一步你要做什么

当你合作的时候，花时间去故意推翻你计划好的事情也许是个明智的做法——也就是说，想想相反的观点，就好像你在反驳自己一样。通过这种方式，你可以测试一下自己的计划是否牢靠。

- X 或者 Y 能够不出意外成功实施的可能性有多大？
- 是否可能存在某些因素出现会干扰甚至阻碍计划的实施？
- 如果某个核心成员生病或者离开了呢？
- 如果资金没有到位呢？
- 如果经济条件发生变化了呢？

附　录

附录A：测试：你有合作意识吗？

下面这个自测问卷能够让你对于自己的合作能力和成为合作型领导者的能力的理解、信念和技能进行回顾。合作并不会像奇迹发生一样随随便便就出现，它需要很多合作技能。毕竟，合作是一种高层次的人际关系，因此这个方面的领导力需要广泛的能力。你的相关合作技能越充分，你创造有效且富有活力的合作能力就越强。

合作的技能包括对自我和他人的认知、以他人为基准、接纳、宽容、在乎、热情、邀请、投入、沟通等等。

从0（差）到10（优）测测自己的合作技能水平：

1. 我激励他人达成共同愿景实现一起工作的价值。

2. 我用能够整合我们的付出的愿景来保持对团队的激励。

3. 我对共同的愿景进行有效沟通，从而使得人们对于目标保持清晰的认识和热情。

4. 我通过自我公开和个人的开放性来建立信任。

5. 我通过开启一段对话来打开合作的可能性。

6. 我通过对话建立各自的角色。

7. 我通过求助和要求来邀请他人合作。

8. 我在建立和实现目标的过程中接纳模棱两可和不确定性。

9. 我与他人的做事风格同步，并能够以他人的风格来一起工作。

10. 我不评头论足，接纳他人的差异。

11. 我把差异看成是优势和资源——我不会挖苦或者奚落别人。

12. 当对合作产生干预或阻碍的初期，我直面去解决它们。

13. 我创造合作的公司文化（价值观、惯例、程序等等）。

14. 我平衡对于个人主义和团队精神的推动。

15. 我充分整合独自工作时的个人状态和合作时的小组成员状态。

16. 我限制并利用竞争来唤起健康而有趣的工作状态。

17. 我以团队成员的方式思考和工作。

18. 我运用“我们”等合作语言。

19. 我在与他人的谈话中鼓励合作。

20. 我把他人当成同事和伙伴来为他们着想和说话。

21. 我把合作以对每个人都有利的方式展现出来。

22. 我为合作做出必要的改变。

23. 我在合作的过程中一步一个脚印，因此每个人都因值得信任而赢得别人的信任。

24. 如果合作不能对所有人保持生态平衡或者合作根本行不通，我会中断合作。

25. 我对评估合作设立测量标准并为评价设立一定的规范。

26. 我在合作的艺术和技能方面接受培训。

27. 我为了合作而驱赶并直面自己对于放弃个人主义的恐惧。

28. 我为奖励合作而在团队或组织中建立结构框架。

29. 我在结束合作之前正确估量出现的问题或者解决方案。

30. 我预估在某个特定时间框架内自己能够承担的职责。

31. 我为一些前期成就而做出安排，以创造出一种成就感。

测试结果如何？成为合作型领导者需要证实有高层次的复杂的技能和态度。你开始对于发展合作型领导者的能力有多期待？

附录 B：成为合作型领导者的衡量标准

像态度、价值观、信念或者合作经验等这样难以衡量的事情能够作为衡量标准吗？我们是否可以指出一些行为显示着不同的发展层次和程度？

多年以来，我收集了很多难以衡量的经历并为它们建立了一些标准。最终我就这个主题写了一本书《衡量无形》（*Benchmarking Intangibles*, 2010）。这里有一套评价合作过程的预设标准。这套标准可以用作评价你自己的合作技能，或者对他人给你的合作技能有一个全面评价。

下面这个给分系统把技能从 0（技能缺乏）到 3（技能养成）和 3.5（技能专业）进行排序。

0——技能缺乏：所显示出的所有能力都和应有技能相反，并且没有证据显示具备此类技能。

1——初始阶段：技能出于发展的最初阶段，因此可能反复无常、时有时无。

2——粗略发展：技能有所显现，但是仍然非常原始、刻意、笨拙，需要特别注意。

3——技能养成：技能得到完全发展。

3.5——技能专业：技能可以游刃有余地展示出来，充分与个体以及他/她在生活中的行事风格相融合。

3.5——技能专业

一个专业人士可以与他人形成互补；发现他人正在做的事并用言语加以赞赏；在团队中承认并支持他人；在支持他人方面孜孜以求，竭尽全力（付出时间、精力和技能等）；将人与人之间相互联结；将自我目标与团队目标相联结；为团结大家而寻求共同点；让人们对自己说的话负责；与他人建立人际关系。

合作型领导者寻求他人的卓越；邀请他人成为合作团队的一员；培养他人的领导力和高度责任感；在解决冲突的对话中提出建设性意见；为了共同合作而利用人们之间的差异。

3——技能养成

一个有能力的合作者服从他人领导，并在项目中给予支持；为团队做贡献；在团队项目中扮演积极角色；努力使团队成为紧密团结的整体；对所有人友好、表现出善意；认识到他人的优势和积极的方面；说话用“我们”；在解决问题时寻求（或提供）帮助；认真倾听，提出探索性问题；建立交流的桥梁，使他人加入（也就是接纳）；说话让人感觉清楚准确；不拐弯抹角或者责备他人。

合作型领导者主动领导合作；能站出来邀请、请求他人合作，并在合作中承担初始风险；接纳冲突，并在形成冲突的差异中寻求共同价值；以优雅的态度直面冲突。

2——粗略发展

处于技能粗略发展中的人不管是谁说话都在一旁看着，等着轮到自己；在一个适合他人的项目中给予支持；与他人一起为团队做贡献；80% 的时间都在自我吹捧；在可以用“我们”的地方，70% 的时间用的都是“我”；很少为了他人的利益而竭尽全力。

1——初始阶段

在合作方面不统一；只是说一起工作，但并不具体实践；做出承诺却不兑现；有所保留，不与他人分享；有所保密，私藏信息；经常错误传递他人说的话；经常自我吹嘘；当他 / 她不同意他人意见的时候挖苦或评论对方；不及时回应他人。

0——技能缺乏（或相反）

技能缺乏的人不去参与活动；将事物完全保留给自己；批评他人及其行为；与他人竞争；将同事视为敌人；表现出怨恨；说噎人的话；经常报复；以他人为代价而吹嘘自己；只说“我”；在其他人做汇报的时候埋头于自己的事情。

参考书目

Archer, David and Cameron, Alex (2009). *Collaborative Leadership: How To Succeed In An Interconnected World.* Burlington, MA: Butterworth-Heinemann.

Argyris, Chris (1993). *Knowledge For Action: A Guide To Overcoming Barriers To Organizational Change.* San Francisco, CA: Jossey-Bass.

Asmal, Kader, Chidester, David, and James, Wilmot (eds) (2003). *Nelson Mandela: In His Own Words.* London: Abacus.

Baker, Wayne (2000). *Achieving Success Through Social Capital: Tapping the Hidden Resources In Your Personal and Business Networks.* San Francisco, CA: Jossey-Bass.

Bandler, Richard (1985). *Using Your Brain For a Change.* Moab, UT: Real People Press.

Bateson, Gregory (1972). *Steps To An Ecology of Mind.* New York: Ballantine Books.

Bennis, Warren (1997). *Organizing Genius: The Secrets of Creative Collaboration.* New York: Basic Books.

Bennis, Warren (2003). *On Becoming a Leader*, rev. edn. New York: Basic Books.

Block, Peter (1987). *The Empowered Manager: Positive Political Skills At Work.* San Francisco, CA: Jossey-Bass.

Bratton, William and Tumin, Zachary (2012). *Collaborate Or Perish: Reaching Across Boundaries In a Networked World.* New York: Random House.

Cheal, Joe (2012). *Solving Impossible Problems: Working Through Tensions and Paradox In Business.* Crowborough, East Sussex: GWiz Publishing.

Chrislip, David D. (2002). *The Collaborative Leadership Fieldbook: A Guide for Citizens and Civic Leaders.* San Francisco, CA: John Wiley & Sons.

Chrislip, David D. and Larson, Carl E. (1994). *Collaborative Leadership: How Citizens and Civic Leaders Can Make a Difference.* San Francisco, CA: Jossey-Bass.

Clutterbuck, David (2007). *Coaching the Team At Work.* London: Nicholas Brealey.

Cockerham, Ginger (2011). *Group Coaching: A Comprehensive Blueprint.* Bloomington, IN: iUniverse.

Covey, Stephen M. R. (1989). *The 7 Habits of Highly Effective People: Powerful Lessons in Personal Change.* New York: Free Press.

Covey, Stephen M. R. (2006). *The Speed of Trust: The One Thing That Changes Everything.* New York: Free Press.

Darwin, Charles (1871). *The Descent of Man, and Selection In Relation To Sex*, 2 vols. London: John Murray.

Deutsch, Morton (1973). *The Resolution of Conflict: Constructive and Destructive Processes.* New Haven, CT and London: Yale University Press.

Dilts, Robert (1990). *Changing Beliefs With NLP.* Capitola, CA: Meta Publications.

Dweck, Carol S. (2006). *Mindset: The New Psychology of Success.* New York: Random House.

Freedman, Jonathan, Sears, David, and Carlsmith, J. Merrill (1978). *Social Psychology.* Englewood Cliffs, NJ: Prentice-Hall.
Frontiera, Joe and Leidl, Daniel (2011). *Team Turnarounds: A Playbook For Transforming Underperforming Teams.* San Francisco, CA: Jossey-Bass.
Frost & Sullivan (2009). *Meetings Around the World II: Charting the Course of Advanced Collaboration.* White paper sponsored by Verizon and Cisco. Available at: http://www.verizonenterprise.com/resources/whitepapers/wp_meetings-around-the-world-ii_en_xg.pdf.
Gladwell, Malcolm (2000). *The Tipping Point: How Little Things Can Make a Big Difference.* Boston, MA: Little, Brown & Co.
Goldstein, Kurt (1939). *The Organism: A Holistic Approach To Biology Derived From Pathological Data In Man.* New York: American Book Company.
Goleman, Daniel (2006). *Social Intelligence: The New Science of Human Relationships.* New York: Bantam Books.
Gray, Barbara (1989). *Collaborating: Finding Common Ground For Multiparty Problems.* San Francisco, CA: Jossey-Bass.
Hall, L. Michael (n.d.). How to Kill a Movement. Available at: http://www.self-actualizing.org/articles/How_to_Kill_a_Movement.pdf.
Hall, L. Michael (2000). *Secrets of Personal Mastery: Advanced Techniques For Accessing Your Higher Levels of Consciousness.* Carmarthen: Crown House Publishing.
Hall, L. Michael (2007). *Unleashed: How To Unleash Potentials For Peak Performances.* Clifton, CO: Neuro-Semantics Publications.
Hall, L. Michael (2008). *Self-Actualization Psychology: The Positive Psychology of Human Nature's Bright Side.* Clifton, CO: Neuro-Semantics Publications.
Hall, L. Michael (2009). *Unleashing Leadership: Self-Actualizing Leaders and Companies.* Clifton, CO: Neuro-Semantics Publications.
Hall, L. Michael (2010). *Meta-Coaching,* Vol. 8: *Benchmarking Intangibles: The Art of Measuring Quality.* Clifton, CO: Neuro-Semantics Publications.
Hall, L. Michael (2015a). *Meta-Coaching,* Vol. 1: *Coaching Change: The Axes of Change,* 2nd edn. Clifton, CO: Neuro-Semantics Publications.
Hall, L. Michael (2015b). *Meta-Coaching,* Vol. 12: *Political Coaching: Self-Actualizing Politics and Politicians.* Clifton, CO: Neuro-Semantics Publications.
Hall, L. Michael and Bodenhamer, Bob G. (2002). *Sub-Modalities Going Meta: Cinematic Frames For Semantic Magic.* Clifton, CO: Neuro-Semantic Publications.
Hall, L. Michael and Bodenhamer, Bob G. (2005 [1997]). *Figuring Out People: Reading People Using Meta-Programs.* Carmarthen: Crown House Publishing.
Hall, L. Michael and Charvet, Shelle Rose (eds) (2011). *Innovations In NLP For Challenging Times, Volume 1.* Carmarthen: Crown House Publishing.
Hall, L. Michael, Penaylillo, Nelson, Bodenhamer, Bobby G., and Kean, Peter F. (1993). Dealing with the Downside of NLP. Available at: http://www.neurosemantics.com/nlp-critiques/dealing-with-the-downside-of-nlp.
Hansen, Morten T. (2009). *Collaboration: How Leaders Avoid the Traps, Create Unity, and Reap Big Results.* Boston, MA: Harvard Business Press.
Harvard Business Review (2011). *Collaborating Effectively.* Boston, MA: Harvard Business Review Press.

Hawkins, Peter (2011). *Leadership Team Coaching: Developing Collective Transformational Leadership.* London: Kogan Page.
Hayek, Friedrich A. (1988). *The Fatal Conceit: The Errors of Socialism.* Chicago, IL: University of Chicago Press.
Hersey, Paul and Blanchard, Kenneth H. (1988). *Management of Organizational Behavior: Utilizing Human Resources,* 5th edn. Englewood Cliffs, NJ: Prentice Hall.
Iacocca, Lee (1986). *An Autobiography.* New York: Bantam Books.
Katzenback, Jon R. (1998). *Teams At the Top: Unleashing the Potential of Both Teams and Individual Leaders.* Boston, MA: Harvard Business School Press.
Katzenback, Jon R. and Smith, Douglas K. (1999). *The Wisdom of Teams: Creating the High-Performance Organization.* New York: HarperBusiness.
Kemp, C. Gratton (1970 [1964]). *Perspectives On the Group Process: A Foundation For Counseling With Groups.* New York: Houghton Mifflin Company.
Korzybski, Alfred (1994 [1933]). *Science and Sanity: An Introduction To Non-Aristotelian Systems and General Semantics.* Lakeville, CT: Institute of General Semantics.
Krauthammer, Charles (1996). Paul Erdős, Sweet Genius, *Washington Post* (September 27). Available at: https://www.washingtonpost.com/archive/opinions/1996/09/27/paul-erdos-sweet-genius/f3411ebc-ab93-467f-8dd8-a90469031fc5/.
Krauthammer, Charles (2013). *Things That Matter: Three Decades of Passions, Pastimes, and Politics.* New York: Crown Forum.
Kripal, Jeffrey J. (2007). *Esalen: America and the Religion of No Religion.* Chicago, IL: University of Chicago Press.
LeForce, Nick (2009). *Co-Creation: How To Collaborate For Results.* Tallahassee, FL: Rose Printing Co.
Lencioni, Patrick (2002). *The Five Dysfunctions of a Team: A Leadership Fable.* San Francisco, CA: Jossey-Bass.
Lencioni, Patrick (2005). *Overcoming the Five Dysfunctions of a Team: A Field Guide.* San Francisco, CA: Jossey-Bass.
Levin, Doron P. (1995). *Behind the Wheel At Chrysler: The Iacocca Legacy.* Orlando, FL: Harcourt Brace.
Levine, Steward (1998). *Getting To Resolution: Turning Conflict Into Collaboration.* San Francisco, CA: Berrett-Koehler Publications.
Maslow, Abraham (1965). *Eupschican Management.* Homewood, IL: Richard D. Irwin and Dorsey Press.
Maslow, Abraham (1968). *Toward a Psychology of Being.* New York: Van Nostrand Co.
Mattessich, Paul, Murray-Close, Marta, and Monsey, Barbara (2001). *Collaboration: What Makes It Work.* Saint Paul, MN: Fieldstone Alliance.
Matthews, Chris (2013). *Tip and the Gipper: When Politics Worked.* New York: Simon & Schuster.
Maxwell, John (2012). Are You Really Leading, Or Are You Just Taking a Walk? (August 7). Available at: http://www.johnmaxwell.com/blog/are-you-really-leading-or-are-you-just-taking-a-walk.
McDermott, Ian (2010). *Boost Your Confidence With NLP: Simple Techniques For a More Confident and Successful You.* London: Piatkus.

McGregor, Douglas (2006). *The Human Side of Enterprise*, annotated edn. New York: McGraw-Hill.
McLean, Bethany and Elkind, Peter (2004). *The Smartest Guys In the Room: The Amazing Rise and Scandalous Fall of Enron*. New York: Penguin.
McLeod, Angus (2009). *Me, Myself, My Team: How To Become An Effective Team Player Using NLP.* Carmarthen: Crown House Publishing.
Moral, Michel and Abbott, Geoffrey (eds) (2009). *The Routledge Companion To International Business Coaching.* London: Routledge.
Novak, William (1984). *Iacocca: An Autobiography.* New York: Bantam Books.
Otto, Herbert A. (1973). *Group Methods To Actualize Human Potential: A Handbook.* Beverly Hills, CA: Holistic Press.
Palca, Joe (2013). All Charged Up: Engineers Create a Battery Made of Wood, *NPR* (July 13). Available at: http://www.npr.org/2013/07/17/200782520/all-charged-up-engineers-create-a-battery-made-of-wood.
Peck, M. Scott (1987). *The Different Drum: Community-Making and Peace.* New York: Touchstone Books.
Putz, Gregory Bryan (2002). *Facilitation Skills: Helping Groups Make Decisions.* Bountiful, UT: Deep Space Technology Co.
Ricci, Ron and Wiese, Carl (2011). *The Collaborative Imperative: Executive Strategies For Unlocking Your Organization's True Potential.* San Jose, CA: Cisco Systems.
Rilling, James A., Gutman, David, Zeh, Thorsten R., Pagnoni, Guiseppe, Berns, Gregory S., and Kilts, Clinton D. (2002). A Neural Basis for Social Cooperation, *Neuron* 35(2): 395–405.
Rogers, Carl (1961). *On Becoming a Person: A Therapist's View of Psychotherapy.* London: Constable.
Roosevelt, Eleanor (2012 [1960]). *You Learn By Living: Eleven Keys for a More Fulfilling Life*, 50th anniversary edn. New York: Harper Perennial.
Sawyer, Keith (2007). *Group Genius: The Creative Power of Collaboration.* New York: Basic Books.
Schutz, Will (1967). *Joy: Expanding Human Awareness.* New York: Grove Press.
Scott, Susan (2002). *Fierce Conversations: Achieving Success At Work and In Life, One Conversation At a Time.* New York: Viking.
Senge, Peter M. (1990). *The Fifth Discipline: The Art and Practice of the Learning Organization.* New York: Doubleday Currency.
Simmons, Annette (1999). *A Safe Place For Dangerous Truths: Using Dialogue To Overcome Fear and Distrust At Work.* New York: AMACOM.
Stengel, Richard (2010). *Mandela's Way: Lessons On Life, Love and Courage.* New York: Crown Publishing.
Tubbs, Stewart L. (1984). *A Systems Approach To Small Group Interaction.* New York: Random House.
Winer, Michael and Ray, Karen (2003). *Collaboration Handbook: Creating, Sustaining, and Enjoying the Journey.* Saint Paul, MN: Amherst Wilder Foundation.

突破·经管 Break Through

《影响力核能》

[英] 西蒙·兰卡斯特　著

《激励核能》

[加] 彼得·詹森　著

《绩效核能》

李太林　著

《领导力核能》

[美] 约翰·马托尼　著

《团队核能》

[美] 克里斯蒂娜·考弗曼　著

《突破》

[美] 琳达·古德曼

[美] 米歇尔·赫林 著

突破 · 经管 Break Through

《合作式思维》

[加] 大卫·萨维奇　著

《引导力》

[美] 马文·温斯伯德

[美] 桑德拉·杰诺夫　著

《关系力》

[美] 蒂姆·邓普顿　著

《反直觉询问》

[美] 莱恩·莱韦斯克　著

《逆势销售》

[澳] 布莱恩·史密斯　著

《魔杯》

[美] 霍华德·毕哈　著

突破·经管 Break Through

《正向领导》
[美] 金·卡梅隆 著

《没有带不好的团队》
[美] 科里·鲍克 著

《没有带不好的员工》
[西] 加布里内尔·希内夫拉 著

《所谓管理好，就是会带人》
[美] 大卫·罗兰德 著

《向上汇报》
[美] 弗雷德里克·吉伯特 著

《销售就是搞定人心》
连永明 著

突破 · 经管 Break Through

《共享经济》

蔡余杰，黄禄金　著

《共享经济2.0》

刘国华，吴博　著

《共享经济：缘起+动力+未来》

郭泽德　著

《所谓管理好，就是会激励》

李道永　著

《网红经济》

袁国宝　谢利明　著

《销售就是搞定人心》

连永明　著

突破·经管 Break Through

《领导力思维》

[新西兰] 珍妮弗·加维·伯格
[新西兰] 基斯·约翰斯顿 著

《销售就是要成交》

单戈 著

《没有拿不下的订单》

吴坤 著

《没有干不好的销售》

[美] 格兰特·卡登 著

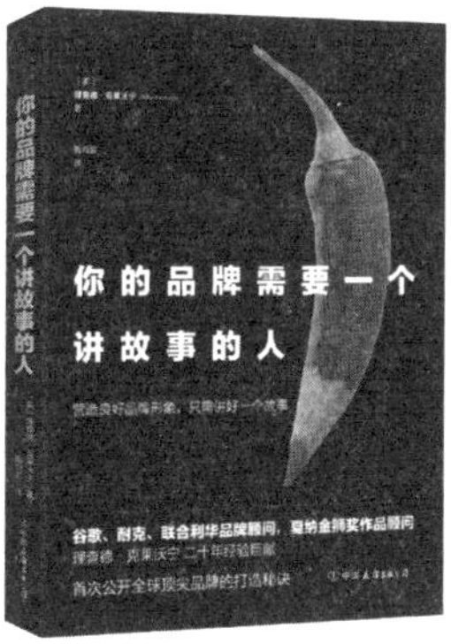

《你的品牌需要一个讲故事的人》

[美] 理查德·克莱沃宁 著

《走红》

[美] 杰瑞米·戈德曼
[美] 阿里·扎格特 著